부모 독서 장려 캠페인

부모의 독서가 시작되면
아이의 미래가 달라집니다

박근모 지음

부모의 독서가 시작되면
아이의 미래가 달라집니다

박근모 지음

목차

Ⅱ 독서를 대하는 태도와 방법

독서의 나비 효과

나비 효과(Butterfly Effect). 나비의 날개짓이 지구 반대편에 태풍을 일으킬 수 있다는 이론입니다. 영화 〈나비 효과〉에서 주인공은 우연히 시공간 이동 통로를 발견합니다. 불행한 과거를 바꾸기 위해 과거로 여러 번 여행을 하고 매번 새로운 선택을 하지만 그럴수록 현재는 더욱 충격적으로 변해갑니다. 시간을 되돌릴 수 있으면 모든 것이 해결될 것 같았지만 현실은 그렇지 않을 수 있다는 것을 보여 주는 영화입니다.

여러분은 바꾸고 싶은 과거가 있나요? 만약 5년 전으로 돌아간다면 어떤 새로운 선택을 하고 싶은가요? 현실에서는 과거로의 여행이 불가능하기 때문에 저는 5년 전으로 무척 돌아가고 싶은 그 안타까운 마음을 지금으로 가져옵니다. 지금부터 5년 후 오늘에 현재의 오늘을 바꾸고 싶어 하지 않도록 말이지요. 시간 여행을 할 수 있든 없든 변하지 않는 것은 지금 내가 사는 현재는 과거에 있었던 내 선택의 총합이라는 사실입니다.

'나비 효과'는 효과 범위가 나 자신에게 국한되지 않습니다. 당연히도 나의 선택은 나와 관계된 모든 이에게 영향을 미칩니다. 특히나 부모로서 가장 강력하게 영향을 주는 대상은 바로 우리의 자녀들입니다. 부모가 선택한 말과 행동에 따라 아이들은 태풍보다 더 큰 변화를 보일 수도 있습니다. 자녀의 미래를 좌우하는 가장 강력한 영향력을 지닌 사람으로서 책임감을 강하게 느낍니다. 후회하지 않는 삶을 살기 위해 제가 선택한 방법은 '독서'입니다. 어른이 되어서 제대로 된 독서를 시작한 후로는 과거로 돌아가서 다른 선택을 하고 싶다는 생각이 그다지 들지 않습니다. 만약 영화처럼 그 이전으로 돌아갈 수 있다면 저는 독서를 더 빨리 시작하는 선택을 하겠습니다.

이 책의 내용은 자녀 독서 교육을 가장한 '부모 독서 장려 캠페인'입니다. 원래 책을 가까이 해서 '작가가 무슨 얘기를 하나 보자'라는 마음으로 고르셨다면 제 이야기들이 너무 당연하게 들릴지도 모르겠습니다. 반면 부모님은 한 달에 한 권도 읽지 않으면서 아이들만큼은 책을 좋아하는 사람으로 성장하면 좋겠다는 마음이 있다면 제대로 만나신 겁니다. 그렇다고 부모가 독서를 해야 아이들도 따라서 독서를 하게 되고, 아이들의 독서가 아이들의 미래를 바꾼다는 단순한 내용은 아닙니다. 저는 조금 더 근본적인 이야기를 하고 싶었습니다. 자녀는 부모를 닮는다는 전제 하에, 아이의 미래를 바꾸기 위해서 부모 자신의 미래부터 바꿔야 한다는 것이 저의 주장입니다(나비 효과). 그리고 그 변화의 중심에는 '나는 누구인가'라는 질문이 있습니다.

이 책의 1부에는 자녀 교육의 목적에 대해서 썼습니다. 그 목적은 자녀의 온전한 독립이어야 합니다. 그 이유와 함께 고려해야 될 것이 내용입니다. 2부에는 부모의 독서에 관해서 썼습니다. 부모 자신의 미래를 바꾸기 위한 도구로서 독서의 유익함이 그 내용입니다. 3부에는 아이들과 함께하는 독서에 관해서 썼습니다. 제가 아이들과 함께한 독서 교육 방법인 아빠서당에 관한 내용입니다. 전체 내용이 연결되어 있으니, 취사 선택보다는 순서대로 읽어 보시기 바랍니다.

이 책은 행복의 정의를 찾는 철학적인 이야기기도 있고, 우리의 이성적 판단을 도와줄 뇌과학 내용도 있습니다. 그리고 제 아이들과 했던 개인적인 독서 이야기도 담겨 있는 비빔밥입니다. 저의 이야기를 맛있게 드시고 부디 여러분도 즐겁고 행복한 독서 가정을 이루시길 간절히 바랍니다.

I

부모의 독서가
필요한 이유

자녀 교육의 목적

자녀 교육에는 명확한 목적이 있어야 합니다

독서 교육 방법론에 앞서, 부모로서 생각하고 결정해야 하는 것이 하나 있습니다. 바로 자녀 교육의 목적입니다. 우선 '목적'과 '목표'를 구분할 필요가 있겠네요. 목적(Goal)은 실현하려고 하는 일이나 방향입니다. 행복, 성공과 같은 정성적인 지향점이 목적에 해당됩니다. 비전(vision)과도 같은 의미로 사용할 수 있습니다. 목표(Objective)는 어떤 목적을 이루려고 지향하는 실질적 대상으로 삼음, 또는 그 대상을 뜻합니다. 목적을 위해 성취할 정량적 단계에 해당됩니다. 그러니 당연히도 목표보다 목적이 상위 개념이며, 목적 없이 목표가 있을 수는 없습니다. 목표를 세우기 전에 목적을 명확히 해야 합니다. 그리고 올바른 목적을 설정해야 올바른 목표를 바라볼 수 있습니다.

목적과 목표를 쉽게 구별하기 위해 예를 들어 보지요. 여행을 간다고 생각해 봅시다. 우선 어디로 갈지 정해야 합니다. 이것을 우리는 목적지라고 부릅니다. 목표지라고 하지는 않지요. 목적지를 정하면 목적지에 도착하기 위한 세부 계획을 짭니다. 교통편과 숙소는 어떻게 할 것이며 어디에서 무엇을 하고 놀지를 정합니다. '비행기표는 1주일 뒤까지 30만원 안 되는 것을 찾고, 숙소는 트윈룸에 20만원 이하, 그리고 하루에 액티비티 두 개 이상을 하자'와 같이 생각했다면 이것이 목표입니다. 때론 목적지에 가는 과정이 목표의 연속이기도 합니다. 지리산 천왕봉을 목적지로 설정하면 서울에서 남원까지, 남원터미널에서 노고단대피소까지, 그리고 다음 장터목대피소까지, 그리고 천왕봉, 이렇게 과정을 목표로 삼을 수도 있습니다. 이렇듯 목표는 목적으로 가는 과정입니다.

그렇다면 여러분이 생각하는 자녀 교육의 목적은 무엇인가요? 혹시 자녀의 행복인가요? 당연하게 우리는 아이들의 행복을 바랍니다. 세상 그 누구도 불행을 목표로 하진 않습니다. 그런데 '행복'이라는 목적은 온 인류가 원하는 근원적이고 보편적인 목적 가치이므로 우리의 논의에서 제외하는 것이 바람직할 것 같습니다. 하지만 그렇지 않습니다. 행복을 정의하고 그에 따른 구체적인 목적 설정은 매우 중요합니다. 행복은 무엇인가에 대한 답은 헌법을 만드는 것과도 같습니다. '대한민국 헌법 제1조, 대한민국은 민주공화국이다'처럼 행복에 대한 생각이 삶 전체의 방향을 결정해 주니까요. 그러니 먼저 행복에 대해서 이야기를 할 수밖에 없습니다.

여러분이 생각하는 행복은 무엇인가요? '돈이 많으면 행복하지'와 같은 당장의 욕구를 피상적으로 말하는 것이 아닌, '행복이란 이러한 것이다'라는 정의 말입니다. 이미 이전의 많은 현자들, 이 시대의 뛰어난 분들이 말한 수많은 행복에 관한 이야기가 존재합니다. 그리고 이 책을 읽는 여러분 또한 나름의 행복에 관한 기준을 갖고 있을 테고요. 여기에서는 제가 생각하는 행복을 말씀드림으로써 행복에 대해 다시 정리해 볼 수 있는 시간을 가지면 좋을 것 같습니다.

저의 행복에는 필요조건과 충분조건이 있습니다. 우선 행복의 필요조건부터 이야기해 볼게요. 유명한 미국의 심리학자 에이브러햄 매슬로의 욕구 5단계에서 욕구는 곧 만족과 연결됩니다. 과거, 적어도 이 책을 읽고 있는 부모님 세대부터는 먹고 사는 문제로부터 어느 정도 벗어나는 시점이었고, 현재 대한민국에서 경제 활동을 하는 대부분의 사람은 굶주림이나 천장 없는 집에 대한 걱정은 그다지 하지 않습니다. 그리고 그 다음 세대인 MZ 세대는 그러한 생리적 불만족을 겪어 보지 않은 세대라서 곧바로 관계와 인정에 대한 욕구를 발산합니다. 우리의 자녀들도 아마 이와 크게 다르지 않을 것입니다. 행복은 개인의 가치관만큼 사회의 가치관에 많은 영향을 받습니다. 특히 관계를

남의 시선이나 평가로부터 완전히 벗어나서
자신을 인정할 수 있는 것이 행복의 필요조건입니다.

중요시하는 한국인의 특성을 감안하면 나보다 남의 시선을 의식하는 행복을 더 중요하게 생각하는 경향이 있습니다. 이 말은 사회가 생각하는 행복의 관념이 개인에게 그대로 전달된다는 뜻입니다. 한국인은 관계 속에서 나를 규정하기 때문입니다. 이 또한 인정의 욕구에 해당되지만 엄밀히 말하면 이것은 외적 인정입니다. 인정의 욕구에는 외적 인정과 내적 인정이 있습니다. 외부, 즉 다른 사람으로부터 인정받는 것이 외적 인정입니다. 권력이나 명예 같은 것이지요. 반면 내적 인정은 스스로가 자신을 인정하는 것입니다. 행복에 대한 이야기는 이 부분부터 시작되어야 합니다. 남으로부터 인정받기 전에 자기 스스로가 나를 인정해 주는 것 말이지요. 남의 시선이나 평가로부터 완전히 벗어나서 남이 뭐라고 하든 자신을 인정할 수 있는 것이 행복의 필요조건입니다.

그런데 '스스로 인정하기' 단계에서 생각해 볼 것이 하나 있습니다. 이 인정의 기술은 온전히 후천적으로 얻어지는 것이 아니라는 것입니다. 스스로 인정하기는 어린 시절 부모에게 인정받는 것으로부터 시작됩니다. 어렸을 때 부모한테 인정을 잘 받은 아이들이 커서도 스스로를 잘 인정할 수 있다는 뜻입니다. 흔히 말하는 '사랑받은 아이는 뭘 해도 티가 난다'거나 '회복 탄력성이 좋다'는 말이 여기에 해당됩니다. 그러니 행복의 필요조건인 스스로 인정하기의 절반은 부모로부터 받는다고 해도 과언이 아닙니다. 어쩌면 그 이상일지도 모릅니다. 저는 어린 시절을 농촌에서 보냈고, 부모님의 바쁜 생업 활동 때문에 살뜰한 챙김을 받지는 못했습니다. 특히 공부에 관해서는 부모님의 학력이 낮

은 것도 이유였지만 그 어떤 간섭도 받지 않았습니다. 그저 아버지로
부터 '인사 잘하고 다녀라' 정도만 교육을 받았지요. 그래서 저는 '스스
로 인정하기'를 부모님의 중립적 보호 아래에서 스스로 익혔습니다. 지
금 생각해 보면 '멍청한 놈, 못난 놈, 쓸모없는 놈, 넌 커서 뭐가 되려고
그러냐?' 같은 말을 안 하신 것만으로도 얼마나 감사한지요. 다행히도
저는 좋은 친구들과 선생님을 만나서 스스로 인정하기를 잘 배웠습니
다. 그리고 지금의 저는 스스로 인정하기를 매우 잘 합니다.

　　지금 자녀들은 저희가 자랐던 때와는 많이 다릅니다. 우선 부모님
들의 학력이 비교도 안 되게 높아져서 소위 소싯적에 공부 좀 했던 분
들이 굉장히 많지요. 또 생업 때문에 부모가 아이를 완전히 방치하는
경우도 흔하지는 않습니다. 그 대신 사교육 시장에 던져진 아이들은
어렸을 때부터 서로를 경쟁 대상으로 인식하고, 자연스럽게 아이들에
대한 인정이 성적으로 귀결되는 경우가 많습니다. 그러나 아이들에게
필요한 것은 성적에 따른 인정이 절대 아닙니다. 부모로부터 받는 무
조건적인 인정이 필요합니다. 이 무조건적인 인정이 있어야 아이들이
스스로를 인정하는 법을 배웁니다. '그럼 그렇지, 내가 해 봤자지, 나는
할 수 없어'를 마음에 품고 있는 아이는 그 어떤 것으로도 행복해질 수
없습니다. '나는 할 수 있어, 실패해도 다시 하면 되지, 난 뭐든지 될 수
있어'라는 태도를 갖는 것은 부모로부터 들은 '너는 할 수 있어, 실패해
도 괜찮아, 넌 뭐든지 할 수 있는 아이야'라는 말에서부터 시작된다는
점을 명심해야 합니다.

　　그렇다면 행복의 충분조건은 무엇일까요? 제가 생각하는 행복의

정의는 '불행하지 않은 상태'입니다. 말장난 같은 이 말은 아주 간단하면서 관점의 차이로 만들 수 있는 최고의 행복하기 방법입니다. 무감정 상태를 0이라고 하고, 좋은 일들이 생겨서 1이 되면 행복해지고 나쁜 일들이 생겨서 -1이 되면 불행해진다고 해 봅시다. 이때 만약 '행복은 무엇이야'라는 목표를 설정하면 그 무엇을 만족하는 1이 달성되어야만 행복해질 수 있습니다. 그리고 1이 되지 못한 -1, 0, 심지어 0.9도 '행복하지 않다'고 느끼게 됩니다. 문제는 실제 일상에서 1 이상의 순간이 그리 많지 않다는 것입니다. 개인마다 편차가 있지만, 하루에 한 번은 물론이고 한 달에 한 번도 느끼기 쉽지 않지요. 막, '행복하다!' 하는 순간이요. 반대로 -1 이하의 불행의 순간도 생각보다 그리 많지 않습니다. 사고를 당한다거나 가족의 죽음 같은 일들은 자주 일어나지 않잖아요. 그렇다면 우리는 거의 -1과 1사이의 어딘가에서 대부분의 생활을 하게 됩니다. 흔히 말하는 평범한 생활이죠. 1이상의 빈도가 10%, -1이하의 빈도가 10%라고 가정하고, 무언가의 성취를 행복이라고 정의하여 설정하면 오직 인생의 10%만 행복하게 느낄 수 있습니다. 하지만 불행하지 않은 상태, 즉 -1이하의 빈도 10%를 제외한 나머지를 모두 행복의 영역으로 놓으면 인생의 90%를 행복한 상태로 보낼 수 있습니다. '컵에 물이 반밖에 없네?'와 '컵에 물이 반이나 있군!'의 관점 차이와 같습니다.

　　너무 소극적인 행복 추구라서 마음에 들지 않는다고요? 하지만 (저는 행복이 결과가 아니라 과정이라고 강력하게 생각하지만, 굳이) 우리 삶의 목적이 행복을 획득하는 것이라고 한다면, 단순히 관점의 변화를 통해 더 많은 행복을 얻을 수 있도록 하는 것이 현명한 태도라고 생각합니다. 더 본질적으로 생각해 보면, 조건이 있는 행복은 필연적으로 조건부 행복이 될 수밖에 없습니다. 조건이 채워지지 않으면 행복하지 않지요. 하지만 조건이 채워진 상태는 순간 뿐입니다. 그리고 곧 또 다른 조건이 생기기 마련입니다. 행복의 조건은 곧 불행의 조건과도 같습니다. 그래서 우리가 추구하는 행복은 무조건적이어야 합니다. 조건에 상관없이 행복할 수 있는 이 태도가 행복을 위한 충분조건입니다.

그런데 행복이 자녀 교육의 목적이라니, 뜬구름 잡는 것 같은 느낌이 들 수 있습니다. 그렇다면 행복 말고 다른 목적이 있나요? 혹시 '좋은 대학'을 목적으로 생각하고 있나요? 맞아요, 대한민국에서 나고 자란 지극히 일반적인 부모님이라면 좋은 대학을 목적으로 설정하는 것도 충분히 이해할 수 있습니다. 하지만 좋은 대학이 우리 아이의 행복한 삶을 결정해 준다고 확신할 수 있을까요? 저는 그렇지 않습니다. 우리 대부분은 부모인 나보다 우리의 자녀가 더 나은 삶을 살기를 원합니다. 하지만 살아 보니 대학이 직장을 구하는 데 도움이 될지언정, 행복한 삶을 결정해 주지 않는다는 것을 직간접적으로 보게 됩니다. 더구나 아이들의 시대에는 직장을 구하고 직업을 선택할 때 대학의 영향력이 지금보다 현저히 낮아질 것입니다. 좋은 대학은 좋은 목표는 될 수 있지만 좋은 목적은 될 수 없습니다. 대학 입학은 과정이지 방향이 아니기 때문입니다.

조금은 막연한 행복이라는 목적, 목적인듯 목적 같지 않은 대학 입시. 자녀 교육에 대한 부모의 목적 설정은 쉽지 않습니다. 올바른 목적과 목표를 세우지 못하는 이유는 정보의 부족 때문입니다. 목적과 목표 설정을 위해 올바름을 판단할 근거들이 없는 경우입니다. 정보의 부족은 두려움을 불러일으킵니다. 다른 사람들은 어디론가 열심히 가는 것 같은데 나는 어디로 가야 할지 모르니 우왕좌왕 정신도 없습니다. 그래서 일단 남들 가는 곳으로 따라가기 일쑤입니다. 맹목적이 되지요. 맹목적, 목적을 가린 상태입니다. 명확한 목적이 없으니 불안을 떨치기 위해 덮어 놓고 행동만 합니다. 자신의 생각으로 행동하는 것이 아니라 남들이 하는 행동을 보고 따라합니다. 무언가 하고 있다고 안도하지만 이것이 문제를 해결해 주지 않습니다. 그리고 부모가 맹목적일 때 가장 큰 피해를 입는 것은 자녀입니다.

저는 자녀 교육에 명확한 목적이 있습니다. 그것은 아이의 온전한 독립입니다. 이제부터 이 이야기를 해 보려고 합니다.

온전한 독립을 위한 세 가지

자녀 교육의 최종 목적은 '자녀의 온전한 독립'이어야 합니다. 자녀가 성인이 되어 자립하는 것입니다. 경제적인 것뿐만 아니라 정신적, 정서적인 부분까지도 부모로부터 완전히 분리되어서 사회의 구성원으로 거리낌 없이 살아가는 것입니다. 그리고 부모와는 다른 스스로의 목적과 목표를 설정하고 행복을 위해 나아가는 것입니다. 자녀 교육은 자녀를 이 위치까지 올려 놓는 것이 목적입니다. 적어도 교육적 측면에서 이 이상은 없다고 생각합니다. 좋은 대학에 갈 필요가 없다고 하는 것이 아닙니다. 대학은 목적보다 목표가 되어야 합니다. 목적을 이루기 위한 수단이지요. 만약 아이가 생각하는 목적을 이루기 위해 가장 필요한 것이 좋은 대학이라고 스스로 느끼고 생각한다면, 좋은 대학보다 더 좋은 목표는 없을 것입니다. 하지만 그 목표가 부모가 만들어 주고 아이의 의지는 반영되지 않았다면, 설령 아이가 좋은 대학에 들어간다고 해도 이 아이가 온전히 독립적인 객체로 사회에서 자립할 수 있을 것인가라는 물음에는 확신을 가질 수 없습니다.

누군가는 이렇게 말할지도 모릅니다. '나는 학교 다닐 때는 싫었지만 부모님이 시키는 대로 해서 좋은 대학에 갈 수 있었고, 지금도 잘 살고 있어. 좋은 대학을 나온 것이 내가 살아온 것에 많은 도움이 되었어. 그러니 나도 내 자녀를 어떤 수를 써서라도 꼭 좋은 대학에 보낼 거야.' '뭘 모르시네, 아이들이 어떻게 그걸 미리 알고 공부해서 좋은 대학에 간답니까? 설령 알게 되더라도 그 때는 이미 늦은 거예요.' 저도 공감합니다. 하지만 제가 말씀드리는 것은 좋은 대학을 위해 아이들의 주체성을 조금 포기한다고 아이들 인생이 망가진다는 것이 아닙니다. 이런 삶도 결코 나쁘지 않습니다. 세상에 온전히 맞고 온전히 틀린 것이 어디 있겠습니까. 저마다의 삶이 있는걸요. 제가 말하고 싶은 것은 이보다 더 나은 삶, 주체적인 삶을 위한 이야기입니다. '그것도 나쁘지 않아요, 하지만 여기 더 좋은 길이 있어요'라고 말입니다. 그렇다면 지금부터 주체적인 삶을 위해 필요한 세 가지 요소를 말씀드리겠습니다.

자녀의 온전한 독립을 위해서 필요한 것은 주체성, 학습 능력, 긍정적 태도, 이 세 가지입니다.

주체성

'아이가 물고기를 먹고 싶어 한다면 물고기를 주지 말고 물고기 잡는 방법을 알려 주어라.' 탈무드에 나오는 이 말을 알고 계시지요? 부모에게는 당장 물고기를 잡아다 주는 것이 더 편하고 쉬울지 모릅니다. 물고기를 잡으려면 어떤 물고기가 어디에 사는지, 언제 잘 잡히는지, 낚싯대는 어떤 것이 좋은지, 미끼는 어떻게 골라야 하는지, 정말 많은 단계가 필요합니다. 물고기를 잡기 위한 기다림의 시간들은 또 어떻고요. 잡아서 대령한 물고기에 아이는 당장의 만족을 누릴 수 있습니다. 하지만 언제까지나 그럴 수 없다는 것을 우리는 잘 알고 있습니다. 결국 아이가 스스로 물고기를 잡을 줄 알아야 합니다.

주체성에서 가장 핵심은 '나'입니다. 주는 물고기만 먹는 아이에게서 나를 찾기는 힘듭니다. 물고기 잡을 생각을 아예 못하는 경우가 허다합니다. 예를 들면, 회사에서 겨우겨우 시키는 일만 하는 사람들을 많이 목격합니다. 상사가 시키지 않은 일은 자신에게 주어진 일이 아니므로 굳이 새로운 것을 찾아서 하려는 생각을 하지 못합니다. 일을 잘한다 못한다의 차원을 떠나 일의 주체에 '나'를 세우지 않기 때문에 벌어지는 현상이라고 생각합니다. 이런 사람들은 다음처럼 생각할 수도 있습니다. '받은 만큼 일하겠다.' 이것은 하나만 알고 둘은 모르는 생각입니다. 이 태도는 자신들이 하는 일을 단지 '돈을 벌기 위한 수

단'으로만 여기는 것입니다. 보수적으로 생각해도 일하는 시간은 자기 삶의 1/3을 차지하는데, 그들은 삶의 소중한 시간을 그저 소모하는 것으로 끝내게 되는 것입니다. 그런데 받은 만큼 하는 일의 양은 누가 정하는 걸까요? '워라밸(work-life balance)'이라는 단어가 유행이었고 지금도 이를 추구하는 사람이 많습니다. 저는 생각이 좀 다릅니다. 워라밸이라는 단어 자체가 일하는 시간을 자신의 시간이 아닌 것으로 규정하는 것에서부터 시작하는데, 왜 일하는 시간을 자신의 시간에서 제외할까요? 주체성을 가진 사람은 일하는 시간을 성장할 수 있는 시간으로 인식합니다. 나를 단련하고 키우는데 돈까지 받는다니 이런 감사한 일이 없습니다. 이것은 절대 정신 승리가 아닙니다. 실제로 이런 태도를 지닌 사람이 같은 시간의 일을 하더라도 양질의 결과물을 만들어 결국 더 빨리 더 높은 위치로 올라가거나, 자신의 일을 찾아 도전하고 성공하는 길을 걷습니다.

유튜브 〈생활변화관측소〉에서 건축가 유현준 교수님이 출연해 '1인분 논쟁'을 다룬 적이 있습니다. 교수님 역시 '성장'에 초점을 맞추어, MZ세대가 '1인분 관념(받은 만큼만 일한다)'을 갖고 있다면 그 사람은 평균 이상의 인생을 살기 어려울 것이고 절대 성장할 수 없다고 말합니다. 김연아나 손흥민 선수가 1인분만 하는 사람이 아니라는 예를 들면서요. 더 나아가 1인분 관념은 적성에 관한 문제라서 1인분만 해야겠다는 생각이 든다면 자신이 재능 있는 분야에 몸담고 있지 않는 증거라고 말합니다. 적성에 맞다면 1인분에 만족하지 않을 테니까요.

주체성은 '나'의 정체성 확립에서부터 시작합니다. 그러기 위해서 필요한 것이 나에게 질문하는 것입니다. 내가 무엇을 좋아하는지 또는 싫어하는지, 내가 무엇을 잘하는지, 내가 원하는 것은 무엇인지, 스스로에게 물을 수 있어야 합니다. 하지만 요즘 아이들에게 이런 물음은 필요 없어 보입니다. 그저 부모가 정해 놓은 스케줄대로 하루를 살아가면 그만이니까요. 부모가 또는 학원이 정해준 목표를 그대로 수행하기만 하면 됩니다. 잘 수행하면 칭찬받고 뿌듯합니다. 아이는 쉽게 부모의 바람을 자기의 것으로 받아들입니다. 그러나 아이는 부모님을 만족시켜 주기 위한 존재가 아닙니다. 아이가 원하는 것을 부모가 원하는 것으로 대체하면 안 됩니다. 아이의 선택이 미숙하니 부모가 대신해 주는 것이 훨씬 유익하다는 생각은 위험합니다. 대신해 주면, 물고기를 잡아다 주면, 아이는 영영 선택의 기회를 갖지 못할 것입니다. 선택하지 않는 것에 익숙해질 테니까요. 결국 삶에서 자신을 선택하는 법도 잃어버리게 될 것입니다.

아이들에게 선택의 기회를 많이 주세요. 선택하고 실패할 기회를 많이 주세요. 사람은 기본적으로 성공보다 실패로부터 배우는 것이 많습니다. 성공의 경험은 부스터 역할을 하지만, 실패의 경험은 자존감과 정체성의 최후 방어선을 만듭니다. '아~ 나는 이정도로도 끄떡없구나. 다시 해 보면 되겠구나.' 인생에 실패는 필연입니다. 사실 성공보다 훨씬 많은 실패를 만납니다. 성공에 성공에(×100번) 성공을 이루는 사람을 보신 적이 있나요? 당장 우리는 우리 삶에서 성공과 실패 중 무엇을 더 많이 경험하나요? 성공이라고 대학 입시와 같은 거창한 것이 아니고, 실패라고 시험에서 떨어지는 대단한 것이 아닙니다. '오천

보 걷기' '책 10분 읽기'와 같이 오늘 계획한 것들을 수행하여 성공하는 것, 반대로 다이어트 중에 야식을 먹거나 영어단어 외우기 30개 중 10개를 못 채워서 실패하는 것들이 모두 우리의 경험에 녹아듭니다. 그리고 이 성공과 실패가 쌓여서 삶의 태도에 영향을 줍니다. 실패를 두려워하면 게으른 완벽주의자가 됩니다. 아무것도 하지 않고 걱정만 한 보따리 안고 사는 사람 말이에요. 그리고 앞으로 나아가지 못합니다. 주체성은 성공보다 더 많은 실패를 통해서, 더 정확히는 실패를 극복하면서 만들어집니다.

학습 능력

과거 저의 부모님 세대는 젊어서 습득한 지식이나 기술을 바탕으로 일생의 업을 지속할 수 있었습니다. 20대에 사회에 나와서 60세에 정년을 맞이할 때까지 보통 한 종류의 직장 또는 직업을 갖는 것이 당연했습니다. 하지만 지금은 기대 수명의 연장과 기술 발전으로 사회가 급속하게 변화해 평생 직장의 개념이 없어졌습니다. 특히 IMF 시대 이후에 사회에 진출한 지금의 부모 세대는 호봉제 보다는 연봉제가 더 자연스럽지요. 그나마 지금 부모 세대는 과도기의 시대 변화 중에 막차를 탔다고 생각합니다. 열심히 노력하면 적당한 직장을 얻을 수 있었으니까요.

하지만 우리의 자녀들이 사회에 나오는 15년 정도 후에는 과연 어떨까요? 혹시 2039년을 상상해 보셨나요? 아이폰이 세상에 나온 지 15년 정도 되었습니다. 스티브 잡스가 검정 터틀넥을 입고 나와 아이폰을 우리에게 소개했을 때, 스마트폰 없이 살 수 없는 현재의 우리를 상상했을까요? 스마트폰의 배터리가 50% 밑으로만 떨어져도 불안 증세가 생기는 사람까지 있는 것을 보면, 그리고 부모와 자녀 간의 갈등 원인 중 가장 많은 비중을 차지하는 것이 스마트폰이 된 것을 보면, 현재 스마트폰이 우리에게 주는 파급력을 가늠하고도 남습니다. 이 스마트폰의 15년은 과거 150년만큼 엄청난 변화를 가져왔습니다. 그리고 예상컨대 다음 15년은 과거 15년 동안의 변화보다 더하면 더할 것이고 또 다른 엄청난 변화를 갖고 올 것이 틀림없습니다. 저는 그 변화를 다음에 자세히 설명할 'AI의 보편화'가 가속시킬 것이라고 생각합니다. 어떻게 변화할지는 알 수 없으나, 한 가지 확실한 것은 변화로 인해 예전처럼 한 가지 전문 지식과 기술로는 원활한 경제 활동을 할 수 없을 것이라는 점입니다. 평생직장은 고사하고 평생직업을 갖는 것도 위태합니다. 따라서 우리 아이들이 갖추어야 할 것은 특정 지식이 아니라 발전하는 기술과 변화하는 사회에 적응하는 학습 능력입니다. 새로운 것을 받아들이고 이를 내 것으로 만드는 능력 말입니다.

사실 우리는 학습 능력을 학교에서 배웁니다. 정규 교과 과정은 수업을 통해 지식뿐만 아니라 학습하는 능력 자체를 배양할 수 있도록 돕습니다. 하지만 알다시피 학교의 교육은 지식의 전달에 집중합니다. 왜냐하면 대학 입시의 형태 때문입니다. 수능 등급, 내신 등급이라는 결과 지향적인 입시는 결과 지향적인 교육을 이끕니다. 여기에 학원이라는 사교육이 기름을 붓습니다. 학습 능력이라는 과정은 사라지고 시험 점수라는 결과만 남습니다. 수능은 원래 대학교에서 학습을 얼마나 잘할 수 있는지를 묻는 시험입니다. 통합사고가 필요한 것은 맞지만, 현실은 통합사고가 되어 있는 문제에 익숙해지는 것입니다. 물고기 잡는 법이 아니라 잡힌 물고기를 먹는 셈이지요.

학습 능력은 주체성과 연결됩니다. 학습 능력은 가르쳐주는 것을 수동적으로 받아들이는 것이 아니고, 스스로 배울 것을 찾고 익히는 능력입니다. 그래서 학습 능력은 주체성을 전제로 합니다. 대학교까지 좋은 성적으로 입학했지만 사회에 나와서도 시키는 일만 할 줄 아는 청년이 많아진 것은 올바른 학습 능력이 부족했기 때문입니다. 회사에 들어온 신입 사원들을 회사에 적합한 사람으로 다시 교육하는 이유도 이 때문입니다. 사회에 나와서야 물고기 잡는 법을 배우니 회사가 싫어합니다. 대기업들의 대졸 공채가 없어지고 경력직 수시 채용이 늘어난 것은 학습 능력이 어느 정도 검증된 사람들을 뽑기 위한 것으로도 볼 수 있습니다.

또 한 가지 고려해야 할 것은 기대 수명이 늘어나고 있다는 것입니다. 우선 60세에 은퇴하는 일은 거의 없을 것입니다. 사실 지금도 그렇습니다. 60세가 넘어서도 왕성하게 경제 활동을 하는 분이 많습니다. 아니 거의 대부분 그러시지요. 제 아버지께서도 70세가 넘으셨는데 아직 일을 열심히 하십니다. 일을 단순히 돈을 벌기 위한 것을 넘어 사회생활의 일부분으로 여기십니다. 체력이 되는 한 일을 계속하고 싶다고 하십니다. 학교를 졸업하고 사회에 진출하는 때를 평균 27세라고 보고 보수적으로 70세까지 일을 한다고 했을 때, 실제로 경제 활동을 하는 기간은 43년입니다. 이 기간 동안 하나의 직업만을 고수한다는 것은 정말 힘든 일일 것입니다. 더불어 단순히 먹고사는 것을 넘어 의미 있는 삶을 추구하는 현대인들에게 한 가지 직업은 단순 노동과도 같은 의미일지도 모르겠습니다. 그러니 경제 활동을 하는 동안 한 가지 능력만 갖고 버티는 것은 불가능에 가깝습니다. 따라서 새로운 것을 배우는 학습 능력은 경제생활을 하는 데 필수 요소입니다.

긍정적 태도

제가 생각하는 태도의 정의는 '그럼에도 불구하고 바라보는 방향'입니다. 길을 걸을 때 눈이 보는 방향이 태도입니다. 앞을 보지 않고 고개를 살짝 돌려 걸으면 처음에야 똑바로 걸을 수 있을지언정 시간이 지날수록 몸은 고개를 돌린 방향으로 서서히 돌아가서 결국 몸의 방향이 바뀝니다. 그래서 태도는 삶 전반에 영향을 미칩니다. 좋은 태도를 지녀야 좋은 삶을 살 수 있습니다.

태도는 계획에서 어긋날 때 빛을 발합니다. 계획한 대로만 되면 얼마나 좋겠습니까. 문제는 이미 경험한 것처럼 우리 삶의 대부분이 계획대로 되지 않는다는 것입니다. 계획대로 되지 않을 때 어떻게 대응하느냐가 성공하는 사람과 실패하는 사람을 가릅니다. 더 간단히 말해서, 실패했을 때 '역시 안 되는군'과 '다시 해 볼까?'의 차이입니다. 그런데 태도에 관해서는 학교에서건 가정에서건 제대로 가르치지 않습니다. 태도가 나쁘다고만 혼낼 뿐 태도가 왜 중요하고 어떻게 하면 좋은 태도를 지닐 수 있는지 알려 주지 않습니다. 태도는 그저 개인의 영역으로 치부해 버립니다. 그래서 부모는 더욱 아이들에게 좋은 태도를 알려 주어야 합니다. 그중에서도 긍정적인 태도를 갖도록 도와야 합니다. 긍정적인 태도는 가능성을 봅니다. 새로운 것을 두려워하지 않고 도전하게 합니다. 끈기 있게 유지하는 힘이 되며 감정을 안정시켜 이성적 판단을 돕습니다. 집착하지 않고 유연하며 좋은 관계를 부릅니다. 빠른 회복을 가능하게 하고 신체를 건강하게 만듭니다. 긍정의 태도는 성취감을 높이고 즐거운 삶을 보장합니다.

긍정적 태도를 만드는 것은 두 가지입니다. 하나는 성공 경험이고 다른 하나는 실패 경험입니다. 성공이 긍정적 태도를 만드는 데에 도움이 된다는 것은 쉽게 이해할 수 있습니다. 성공 경험으로 자신감을 쌓은 아이들은 자연스럽게 긍정적 태도를 지니게 되니까요. 반면 실패 경험에서 어떻게 긍정적 태도를 만들 수 있을까요? 성공에서도 그렇고 실패에서도 그렇고, 긍정적 태도를 만드는 것은 아이들 스스로가 아니고 부모의 반응입니다. 그리고 핵심은 '격려'에 있습니다. 격려는 실패했다고 비난하지 않고 다시 할 수 있다고 용기를 북돋는 것입니다. 격려를 받은 아이는 재도전의 에너지를 보충받는 것과 같습니다. 예를 들어 부모가 실패한 자녀에게 '아무짝에도 쓸모없는 놈'이라는 말을 했다면 당연히도 아이는 긍정적 태도를 갖기 힘들 것입니다. '뭐 이렇게 심한 말을…!'이라고 생각하실지 모르겠습니다. 그런데 수위는 낮을지언정 이에 못지않은 부정적인 반응이 많습니다. '내 그럴 줄 알았다' 라든가 '네 친구는 몇 점 맞았어?' 라든가 '누구 닮아서 그러니?' 같은 말들도 이에 해당됩니다.

아이들에게 보내는 부모의 반응 하나하나가 아이들의 태도를 결정하는 요소가 됩니다. 이렇게 획득한 아이들의 태도는 아이들이 성장해서 독립할 때까지 고스란히 남습니다. 분명 태도는 이후의 아이들 환경이나 또 다른 경험들, 그리고 자신의 재해석을 통해 충분히 변할 수 있습니다. 그러나 태도는 스노우볼 효과가 있습니다. 긍정은 긍정으로 부정은 부정으로 더 성장합니다. 그래서 어렸을 때 부모의 반응에 힘입어 긍정적 태도를 갖게 하는 것이 아이들에게 훨씬 유익합니다. 경제적 금수저가 아니라 태도 금수저를 물려주는 것이 부모가 아이에게 줄 수 있는 최고의 수저가 아닐까요.

| I - 1
요약 | **자녀 교육의 목적** |

1 자녀 교육에는 명확한 목적이 있어야 합니다.
여러분의 자녀 교육 목적은 무엇인가요?

2 목적을 세우기 전에 '행복의 정의'를 생각해 보세요.

3 자녀 교육의 목적은 '자녀의 온전한 독립'이어야 합니다.

4 자녀의 온전한 독립에는 세 가지 요소가 필요합니다.

첫째, 주체성
둘째, 학습 능력
셋째, 긍정적 태도

폴리매스적 사고

인공 지능을 뛰어넘는 폴리매스적 사고

폴리매스(polymath)는 박학다식한 사람, 즉 다양한 영역에서 출중한 재능을 발휘하면서도 방대하고 종합적인 사고를 지닌 사람이라는 뜻입니다. 제너럴리스트(generalist)를 어느 정도 수준까지 두루두루 잘하는 것으로 정의한다면, 폴리매스는 단순히 잘하는 것을 뛰어넘는 슈퍼 제너럴리스트(super generalist)로 표현할 수 있습니다.

폴리매스의 대표적인 예가 레오나르도 다빈치입니다. 그는 뛰어난 미술가이자 과학자, 기술자, 사상가였습니다. 이뿐 아니라 음악, 건축, 수학, 해부학, 동물학, 식물학, 군사공학, 지리학에서도 다양한 업적을 남겼습니다. 심지어 그는 칼싸움도 잘했다고 합니다. 세계에서 가장 유명한 미술품인 '모나리자'를 비롯해 비행기나 탱크의 스케치, 인체 비례도는 그의 능력을 여실히 보여 줍니다. 그의 작품들은 지금까지도 많은 사람에게 감동과 영감을 주고 있습니다. 다빈치 외에도 그리스 로마 시대나 중세 르네상스 시대에 유명했던 인물들을 보면 어느 한 분야에서만 탁월했던 것이 아니라 다른 분야에서도 탁월한 능력을 나타냈음을 알 수 있습니다. 철학자 소크라테스는 원래 직업이 석공이었습니다.『젊은 베르테르의 슬픔』,『파우스트』등으로 유명한 괴테도 당대 최고의 생물학자였습니다. 좀 더 가까운 시대의 인물로는 허블 우주 망원경으로 유명한 에드윈 허블이 있는데요, 그는 천문학에서 노벨상을 받기 전, 군인이자 변호사, 농구팀 코치, 스페인어 교사였습니다. 이런 인물은 무수히 많습니다.

　우리나라에도 폴리매스의 예가 있습니다. 그 대표 주자는 다산 정약용입니다. 정약용은 조선 시대 대표 유학자이자 실학자이면서 경제, 행정, 법률 등에 관한 저술도 많이 남겼지요. 수원화성을 건설할 때 사용한 거중기도 정약용이 설계한 것입니다. 세종대왕도 폴리매스입니다. 한글을 만드는 것은 단순히 인문학적 소양뿐만 아니라 과학적 사고도 함께 겸비해야 할 수 있는 작업이니까요. 이렇듯 과거에 소위 유명하다 싶은 사람들은 대부분 폴리매스적 능력을 갖고 있었습니다. 하지만 이러한 인물들은 산업 혁명 이후에 급격히 줄어듭니다. 그 이유는 산업 혁명으로 인한 공교육의 출현 때문입니다.

산업 혁명의 중요한 특징이 분업화입니다. 산업 혁명 이전에는 장인들이 생산의 모든 공정을 관여해서 상품을 생산하는 데 많은 시간이 필요했습니다. 또한 각 과정의 기술을 모두 습득해야지만 마스터의 자리에서 제품을 생산할 수 있었습니다. 그런데 분업화가 시작되면서 생산 단계는 쪼개지고 장인의 자리는 점차 없어졌습니다. 대신 쪼개진 생단 단계를 채울 근로자가 많이 필요하게 되었습니다. 이렇게 도시에는 다수의 근로자가 필요했고, 이 근로자들이 공장에서 일하는 데 문제가 없을 만큼 일정 수준 이상으로 교육시킬 공교육이 필요해진 것입니다. 공교육의 마지막 단계는 대학교입니다. 산업 혁명 시대 이후 대학교의 특징은 전문 학과라고 할 수 있습니다. 대학을 가는 이유는 졸업해서 전문가가 되는 것입니다. 그 결과 현대는 그야말로 전문가의 시대가 되었습니다. 전문가는 한 분야에서 특별한 역량을 발휘하는 사람입니다. 말씀드린 것처럼 산업 혁명의 핵심은 분업이었고, 분업의 각 영역에서 활동할 전문가는 그만큼의 대우를 받았습니다. 그렇다면 전문가의 시대는 영원할까요?

이제 우리는 4차 산업 혁명 시대를 맞이하고 있습니다. 4차 산업 혁명의 중요 키워드 중 하나는 AI(Artificial Intelligence)입니다. 인공 지능이죠. 인공 지능 관련해서 우리에게 매우 인상 깊은 이벤트가 하나 있습니다. 모두 알고 있는 알파고와 이세돌의 바둑 경기입니다. 이 경기에서 많은 사람이 이세돌의 '신의 한수'를 기억하겠지만, 결과는 인공 지능 알파고의 4:1 압도적인 승리였습니다. 바둑만큼은 기계가 인간을 따라올 수 없다고 생각한 것이 얼마 전의 일인데, 지금은 그 당시의 알파고보다 몇백 배 강한 알파고로 업그레이드가 거듭되고 있습니다. 인공 지능은 필연적으로 우리 삶에서 보편화될 것입니다. 인공 지능의 보편화는 곧, 전문가의 자리를 AI가 대체한다는 뜻입니다. 실제로 많은 직업이 인공 지능 또는 자동화 기계로 대체되고 있습니다. 식당에서 무인 로봇이 서빙을 한다거나 신문 기사를 대신 작성한다거나 하는 것은 이제 시작에 불과합니다.

　문제는 인공 지능의 등장으로 일자리가 없어진 사람들입니다. 과거에는 자동화가 시작되면서 제조라인에서 밀려난 사람들이 서비스업으로 이동할 수 있었지만, 이제는 AI의 등장으로 서비스업의 일자리를 빼앗긴 사람들이 더 이상 갈 자리가 없습니다. 단순한 소비의 기능을 위해 '기본 소득'의 개념이 등장하는 것은 어쩌면 필연적으로 보입니다. 우리 아이들이 사회에 진출할 때 즈음에는 인공 지능이 지금보다 훨씬 다양한 분야에서 더욱 고도화되어 사용되고 있을 것입니다. 지금은 일자리를 위해 옆 사람과 경쟁하지만 미래에는 그 경쟁 상대가 사람이 아니라 로봇일 가능성이 큽니다. 이세돌도 인공 지능을 못 이겼는데 우리 아이들은 어떻게 인공 지능과 싸울 수 있을까요? 여기서 제가 찾은 답이 바로 '폴리매스'입니다. 인공 지능에게도 약점이 있습니다. (현재 시점이긴 합니다만) 인공 지능의 강점은 전문영역입니다. 반대로 전문영역이 아닌 곳에서는 아무 것도 못합니다. 알파고가 이세돌에게 바둑은 이겼지만 라면은 못 끓이잖아요?

폴리매스의 핵심은 융합입니다. 단순한 결합이 아니라 화학적인 변화입니다. 제가 생각하는 폴리매스의 정량적 기준이 있습니다. 그것은 서로 다른 세 분야에서 각각 상위 10%의 능력을 갖추는 것입니다. 한 분야에서 상위 10%의 능력으로는 대우받는 전문가가 되기 힘듭니다. 하지만 두 영역이 합해지면 10%의 10%가 되니, 이 새로운 영역에서는 상위 1%의 능력이 됩니다. 1%도 매우 훌륭하긴 하지만 압도적인 숫자라고는 볼 수 없습니다. 여기에 한 가지 영역을 더한다고 하면, 10%의 10%의 10%이므로 상위 0.1%의 능력을 갖게 됩니다. 1,000명 중 한 명의 능력. 이 정도면 충분합니다. 예를 들어 볼게요. 요즘 아이들 사이에서 각광받고 있는 유튜버라는 직업을 보면, 유튜버 상위 10%는 그다지 경쟁력이 없습니다. 하지만 그림을 상위 10%로 잘 그린다고 하면 그림 잘 그리는 유튜버로서 1%의 자리에 올라갈 수 있습니다. 만약 여기에 MD(merchandiser)의 능력을 갖고 있다면 자신의 그림을 제품화해서 판매까지 할 수 있는 유튜버로 상위 0.1%의 위치를 차지할 수 있습니다. 한 분야에서 1%의 위치에 오르는 것은 매우 어렵습니다. 하지만 10%라면 어느 정도 할 만합니다. 어쩌면 한 분야의 1%가 되는 것보다 세 분야의 10%가 되는 것이 노력의 총량을 비교해 볼 때 더 적을 수도 있습니다. 더 높은 위치에 올라가기 위해서는 들어가는 노력이 단순한 산술급수가 아니라 기하급수적으로 올라가기 때문입니다. 2%에서 1%로 올라가기 위해서 2%가 되기 위해 쏟았던 노력만큼이 필요할지도 모릅니다. 하지만 10%는 거의 누구나 노력만 하면 달성할 수 있는 수치입니다.

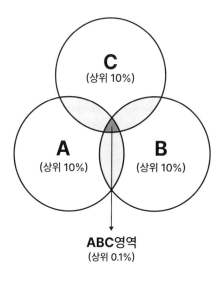

남들보다 한 발 앞선 다양한 분야를 융합하여 새로운 영역을 개발하겠다는 폴리매스적 사고는 효율적일 뿐만 아니라 확장성과 리스크 관리에 뛰어납니다. 만약 엄청난 노력으로 특정 분야의 1%가 되었지만 불행히 이 분야가 인공 지능으로 대체되어 일자리가 사라지게 된다면 아마 이 사람은 살 길이 막막할 것입니다. 하지만 여러 분야에 골고루 능력을 발전시켜 놓은 사람은 곧 다른 분야로 확장할 수 있습니다. 또한 새롭게 만들어지는 분야로 쉽게 접근해서 기존의 능력들과 더 빠르고 확실하게 시너지를 낼 수도 있고요. 『몰입의 즐거움』(해냄출판사)으로 유명한 미하이 칙센트미하이는 이렇게 말했습니다. "창의적인 사

람과 보통 사람을 구분 짓는 한 단어가 있다면 그것은 복합성이다. 그들의 정체는 하나가 아니라 다수다.”

폴리매스적 사고가 필요한 또다른 이유가 있습니다. 제가 생각하는 폴리매스적 사고는 직업을 얻기 위해 필요하다는 것에서 그치지 않습니다. 폴리매스적 사고는 보다 근본적인 삶에 대한 물음 즉, ‘나는 누구인가’에 대한 탐구 과정입니다. 부모인 우리는 성적에 따라 학과를 결정하고 결정된 전공으로 직업을 선택했습니다. 하나만 잘하면 그 기술로 직업을 얻을 수 있었지요. 이것이 전문화입니다. 한번 전문화에 빠지면 빠져나오기 쉽지 않습니다. 이직을 하더라도 동종 업계로 가거나 같은 직무를 연결해서 맡게 됩니다. 자신이 쥐고 있는 것을 놓으면 큰일이 나기 때문에 망하지 않는 이상 자신의 전문 영역을 포기하지 못합니다. 다른 영역으로 눈을 돌릴 틈이 없지요. 자신의 전문 영역에서 새로운 사람들이 계속 치고 올라오니 당연히 마음의 여유도 없습니다. 하지만 폴리매스는 다양한 영역의 능력을 사용하므로 전문화를 극복합니다.

다양한 영역에서 능력을 발휘하려면 남들 하는 것, 요즘 유행인 것으로는 불가능합니다. 내가 잘 하는 것, 내가 좋아하는 것이 중심이 되어야 합니다. 본디 인간은 어느 한 가지만 잘하도록 만들어지지 않았습니다. 1%가 될 수 있는 최고의 적성을 찾는 것도 중요하지만, 10%가 될 수 있는 내 안의 다양한 가능성을 찾을 수 있습니다. 이 가능성을 찾기 위해 필요한 것이 나를 탐구하는 작업입니다. 그래서 폴리매스가 되겠다는 것은 내가 누구인지 알아보겠다는 뜻과 같습니다. 무엇을 잘

하는지 알기 위해서는 아주 많은 것을 시도해 봐야 합니다. 해 보지 않고서는 절대 알 수 없으니까요. 또 시도를 해 볼 때 남들 좋다는 것이 아니라 내가 원하는 것을 선택해서 해야 합니다. 조언의 중요성도 물론 중요합니다. 하지만 5년 혹은 10년 뒤에 빛나는 직업은 결코 지금 유행하는 어느 직업은 아닐 것입니다. 완전히 새로운 분야일 수도 있고, 폴리매스가 만들어낸 완전히 새로운 직업일 수도 있겠지요.

폴리매스에게 일은 단순한 노동이 아닙니다. 경제적 보상을 위해서만 일하지 않는다는 뜻입니다. 이들은 자기의 일을 즐거운 것, 기회, 모험의 여정으로 생각합니다. 직업이 나를 대변해 주는 현대의 가치를 뒤집습니다. 직업은 나를 표현하는 하나의 수단에 불과합니다. 의사, 철학자, 대기업 회사원이라는 타이틀이 자신을 규정하도록 두지 않습니다. 그 어렵다는 덕업일치(자신이 좋아하는 분야를 직업으로 삼는 일)는 폴리매스의 기본 소양입니다. 덕업일치가 어려운 이유는 단순하게도 자신이 좋아하는 것이 하나뿐이어서 입니다. 확률적으로 매우 낮을 수밖에 없습니다. 하지만 좋아하는 것이 많고 그것을 잘하게 되면 좋아하는 것과 직업을 일치시킬 확률이 높아지는 것이 당연합니다. 잘하게 되니 남들이 가치를 부여해 주고 이에 대해 보상합니다.

폴리매스가 되기 위한 무기

그렇다면 어떻게 폴리매스가 될 수 있을까요? 답은 바로 '호기심'에 있습니다. 과거 폴리매스였던 사람들을 잘 살펴보면 이들의 공통점은 호기심이었습니다. 호기심을 따르는 태도 말입니다. 아인슈타인도 호기심에 대한 말을 남겼습니다. "나는 특별한 재능이 있는 것이 아니고 단지 굉장히 호기심이 많았다." 지금 자기가 하는 것에 만족하지 않고 다른 분야에 계속 기웃거려보다가, 슬쩍슬쩍 해 보다가, 재미를 발견하고, 결국 잘하게 되지요. 과학자가 철학을 한다고 뭐라고 하는 이가 없었습니다. 그러니 자연스럽게 하고 싶은 것을 모두 할 수 있는 문화였습니다. 하지만 현재의 우리들은 공교육 제도에서 호기심을 발현시키는 방법을 철저히 거세당했습니다. 앞서 말했듯이, 호기심이 많은 사람은 전문가라는 산업 사회의 부품으로 사용하기에는 적합하지 않기 때문입니다.

　호기심을 죽이는 교육에 관해서는 켄 로빈슨, 루 애로이카의 『아이의 미래를 바꾸는 학교혁명』(21세기북스)에 잘 설명되어 있습니다. 책에는 천편일률적인 주입식 교육을 비판하면서 '농업사회적 교육'을 강조합니다. 개개인의 개성을 살리면서 스스로 잘 성장할 수 있도록 땅을 일구고, 물을 주고, 벌레를 잡아주는 교육이 필요하다고 말합니다. 그러면 개인의 호기심에 따라, 능력에 따라 각자의 열매를 건강하게 맺을 수 있다고 말이지요. 이런 교육을 주장하는 영향력 있는 분들이 나타나고 있습니다. 있는 그대로의 아이를 인정해 주고 아이가 스

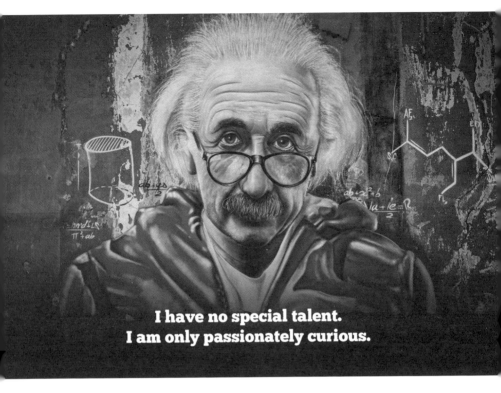

I have no special talent.
I am only passionately curious.

"나는 특별한 재능이 있는 것이 아니고 단지 굉장히 호기심이 많았다."

스로 피어날 수 있도록 보살피는 것이 부모의 역할이라고 말하는 분들입니다. 당연히 이런 분들도 호기심을 강조합니다. 호기심은 자신의 표현과도 같습니다. 세상에 대한 호기심이 세상과 만나 다시 나에게 돌아오면 곧 나에 대한 호기심으로 전환됩니다. 세상에 대한 호기심과 나에 대한 호기심이 상호작용을 하면서 세상과 나에 대해서 더 깊이 알고 이해하게 됩니다. 아이들에게 호기심을 빼앗는 것은 과하게 말하면 아이의 존재를 빼앗는 것과 같습니다. 끊임없이 탐색하고 모험할 수 있도록 해야 합니다.

호기심은 아이 성장의 원동력입니다. 호기심을 잘라내는 교육에서 아이들을 보호해야 합니다. 그냥 시키는 대로 하라고 하면 안 됩니다. 그렇다고 아이들에게만 맡겨도 안 됩니다. 호기심을 이끄는 것은 부모의 몫입니다. 아이들이 갖고 있는 호기심 씨앗이 싹을 틔울 수 있도록 물을 주고 햇빛을 조절해 주어야 합니다. 아이들과 대화를 자주 하고, 함께 여행을 하고, 도서관에 다니라고 하는 이유가 그것입니다. 다양하게 노출하고, 얽어걸려야 합니다. 얽어걸리는 것이 중요합니다. 부모는 아이가 갖고 있는 것을 모르니까요. 안다고 착각하고 있지요. 그러니 부모가 원하는 대로 키우지 마세요. 분재가 보기에는 좋지만 야생에서 살아갈 수 없습니다. 우리가 원하는 아이의 나무는 너른 대지에 길게 뻗은 가지를 풍성하게 가지고 열매를 주렁주렁 달고 있는 아름드리나무 아니던가요.

호기심을 따라가다 보면 우리는 결국 독서를 만나게 됩니다. 폴리매스는 다양한 분야의 지식을 필요로 하고, 이 지식들을 융합하는 것이 폴리매스의 핵심입니다. 따라서 지식을 접하는 주요 방법인 책을 통하지 않고서 폴리매스가 되는 것은 불가능에 가깝습니다. 역사적으로 폴리매스라고 불렸던 모든 사람이 책을 중요하게 생각하고 책과 가까이 했습니다. 현대에서도 성공했다고 여겨지는 사람들 또한 책의 중요성을 강조합니다. 성공한 기업가 말고 책과 거리가 있을 것 같은 운동선수에게도 책은 훌륭한 파트너입니다. 손흥민 선수를 월드클래스로 키워낸 손웅정 감독님도 책을 통해 '모든 것은 기본에서 시작한다'라는 자신의 철학을 세우고 이를 통해 선한 영향력을 끼치며 살아가고 있습니다. 독서는 호기심을 채워 주고, 채워진 호기심은 또 다른 호기심을 불러옵니다. 호기심과 독서의 선순환이 폴리매스를 만듭니다.

제가 폴리매스 이야기를 하는 이유는 폴리매스적 사고를 하고 그에 따른 삶을 사는 것이 앞서 말한 자녀 교육의 두 가지 목적, 행복과 자녀의 온전한 독립에 실질적인 도움이 되기 때문입니다. 행복은 근본적으로 '나는 누구인가'를 답해 보는 것에서 시작됩니다. 내가 누구인지 알지 못하고는 무조건적인 행복에 다다르지 못합니다. 현대를 살아가는 사람들은 그 어느 때보다도 풍요로운 삶을 살고 있지만 그에 비해 궁핍한 마음을 갖고 있는 것은 매몰된 삶, 즉 '나'의 상실 때문이라고 저는 생각합니다. 나의 목소리를 듣는 것보다 남들이 나를 어떻게 생각할지를 생각하고 있다면, 자신의 주인으로 살아가지 못하고 있는 것입니다. 노예 같은 삶에서는 굳이 내가 누구인지 알 필요가 없습니다. 그저 시키는 대로만 하면 되니까요. 단지 노예의 삶은 행복과 거리가 멀 뿐입니다. 반면 '주인 된 삶'을 살기 위해서는 내가 누구인지 명확히 알아야 합니다. 폴리매스적 사고는 주인 된 삶을 이끕니다. 어떤 하나에 나를 묶어 두지 않고 새롭고 변화된 또 다른 나를 포용합니다. 그리고 그것에 매진하게 도와줍니다. 자녀의 온전한 독립을 위해서도 폴리매스는 중요합니다. 폴리매스적 사고는 주체성, 학습 능력, 긍정적 태도를 기르는 데 매우 유용하기 때문입니다. 폴리매스가 되기 위해서는 끊임없이 나에게 질문해야 합니다. 내가 원하는 것, 내가 잘 하는 것들을 찾기 위해서요. 누군가가 시킨 것만 해서는 폴리매스가 될 수 없습니다. 대학을 졸업하고 나서도 내가 하고 싶은 것이 무엇인지 도통 모르겠다는 아이들이 대부분입니다. 그래서 남들 하는 대로 따라갑니다. 그리고는 평균의 함정에 빠집니다. 폴리매스적 사고는 하나의 태도입니다. 삶 속에서 계속해서 나를 탐구해 나가겠다는 자세입니다. 이런 생각을 가진 아이들은 결국 자신의 길을 잘 찾아가기 마련입니다. 부모가 정해준 길보다 훨씬 자기에게 적합한 길을 찾습니다.

폴리매스적 사고

1 AI로 대표되는 4차 산업 혁명 시대에는 이전 산업 혁명의 유산인 '전문화'가 퇴색될 것입니다.

2 더불어 빠르게 변화하는 시대에 맞추어 다양한 능력이 요구됩니다.

3 폴리매스는 여러 분야에서 다재다능함을 뽐내는 사람을 뜻합니다. 레오나르도 다빈치나 정약용 같은 사람이 대표적입니다.

4 미래 사회에서 두각을 나타내는 사람은 폴리매스적 사고를 가지고 있는 사람이 될 것입니다.

5 폴리매스적 사고를 가진다는 것은 '나는 누구인가'라는 질문에 답을 찾는 것과도 같습니다.

6 폴리매스적 사고를 하기 위해 가장 필요한 것은 '호기심'입니다.

7 호기심을 찾고 또한 채울 수 있는 가장 좋은 방법은 '독서'입니다.

부모의 등을 보고 자라는 아이들

부모도 완벽한 어른은 아닙니다

아이들과 다투는 경우가 종종 있습니다. 이때 보면 부모도 이기려고 아이들과 똑같이 싸웁니다. 오히려 부모의 위치를 이용해서 아이들을 혼내고 나무랍니다. 아이가 어리면 그냥 우두커니 혼나거나 울고 말지만, 아이가 크면서는 말대꾸도 하고 제법 티격태격하게 됩니다. 사춘기에 접어든다면 방문을 쾅, 닫는다거나 정말 제대로 대드는 경우도 생깁니다. 이정도면 그야말로 싸움이라고 할 수 있습니다. 하지만 이 것은 옳지 않습니다. 아이가 부모의 감정을 상하게 했다고 아이를 혼내는 것은 단순한 화풀이에 지나지 않습니다. 혼을 낸다고, 부모가 화를 낸다고 잘못한 일을 뉘우치고 반성하여 개과천선하는 아이는 없습니다. 화난 부모의 감정을 아이에게 쏟아 놓으면 아이는 부모에게 화내는 방법만 배울 뿐입니다. 나그네의 외투를 벗긴 것은 쌩쌩 부는 바람이 아니라 따듯한 햇빛이었다는 것을 우리는 기억해야 합니다. 세찬 바람이 아니라 기분 좋은 햇살로 아이를 감싸는 것이 어른의 행동입니다. 부모는 어른입니다. 부모는 어른으로서 아이를 돌봐야 합니다. 그렇다면 두 가지 물음이 생깁니다. 첫째는 '어른이란 무엇인가?' 둘째는 '어떻게 어른이 될 것인가?'라는 물음입니다.

사전에서 어른의 뜻을 보니, '다 자라서 자기 일에 책임을 질 수 있는 사람'이라고 합니다. 다 자라서 무언가를 할 수 있는 '권리'가 아니라 '책임'이라는 단어가 눈에 들어오네요. 말 안 듣는 아이들에게 윽박지를 권리, 부모라는 지위로 아이들을 재단할 권리, 사랑한다는 명분으로 강요할 권리를 갖는 것이 아니라, 미숙한 아이들을 돌볼 책임, 실수하는 아이들에게 격려할 책임, 남들보다 느린 것 같아 보일 때 기다려줄 책임을 갖는 것이 어른이 아닐까 생각했습니다. 그렇다면 이런 책임 있는 어른은 어떻게 하면 될 수 있을까요? (사실 부모인 저도 꽤나 자주 아직 어른이 되지 못한 구석을 발견합니다. 나이는 어른인데 행동이 그렇지 못한 경우 말이지요. 조금 다른 말로 해 보면 이성이 감정을 통제하지 못하는 때입니다. 부모인 우리도 잘 알아요. 알지만 못하는걸요. 이성을 발휘해서 멋진 어른이 되고 싶지만 욱하는 감정에 사로잡혀 어느새 비이성적 행동을 하는 경우가 부지기수입니다. 부모가 양육 로봇은 아니잖아요.)

저는 어른이 되기 위해 가장 우선 되어야 하는 것이 역설적으로 '부모도 완벽한 어른이 아니다'라는 것을 '인정'하는 것이라고 생각합니다. 완벽하지 않다는 것은 엄연한 팩트입니다. 부모도 인간이기 때문입니다. 감정을 가진 인간이고 이 감정에 쉽게 사로잡힐 수 있다는 것을 인정하는 것입니다. 아이를 혼내 놓고 '혼날만 하니까 혼냈지'라고 자신을 정당화하는 것이 아니라 '아이고, 내가 또 감정에 휘둘렸구나'라고 인정해야 합니다. 불완전함을 인정하는 것은 변화의 준비입니다. 그리고 이것을 인정할 때 우리가 지향하는 이성적인 어른으로 방향 설정이 가능합니다. 어른이 되어서 좋은 부모, 책에서나 나올 것 같은 이상적인 부모 말입니다.

불완전함을 인정한 후에 해야 하는 것은 '공부'입니다. 보다 좋은 부모로 성장하기 위해 지식과 지혜를 구하는 것입니다. 공부는 두 가지 측면에서 이롭습니다. 하나는 (비록 현실에서는 잘 적용이 안 되어 실망도 하지만) 부모가 외부로 표현하여 자녀에게 직접 적용하는 '양육의 기술'을 배울 수 있다는 것이고, 다른 하나는 아이와 어른을 구별 짓는 가장 큰 부분인 부모 내부의 '감정 통제 방법'을 익히는 것입니다. 공부의 방법에는 여러 가지가 있지만 부모 공부의 중심에는 무엇보다 '독서'가 있어야 합니다.

무의식은 태도를 낳고 습관을 만듭니다

저는 태도를 굉장히 중요하게 생각하는 태도주의자입니다. 태도가 삶을 결정한다고 생각하지요. 태도는 마음의 함수상자와 같고 사람마다 설정된 값이 다릅니다. 같은 자극이 들어오더라도 각자 다른 반응이 나옵니다. 예를 들어 길을 걷다가 새똥이 어깨에 떨어졌다고 해 봅시다. 대부분은 '아이, 재수가 없으려니까!'라며 짜증 섞인 반응을 보일 것입니다. 그런데 어떤 사람들은 깔깔거리며 '그 어렵다는 새똥을 맞다니 운이 좋은가 봐, 복권이라도 사 볼까?'라고 말합니다. 새똥이라는 똑같은 자극에 완전히 반대되는 반응입니다. 두 사람 중 어떤 사람이 더 즐겁고 행복한 삶을 살 것인지는 자명합니다. 이러한 태도에 관해 제가 낸 결론은 '태도는 무의식의 발현'이라는 것입니다. 다른 말로 하면, 긍정의 태도는 긍정의 의식(이성)이 아니라 긍정의 무의식에 의해 만들어진다는 것이지요.

　우리의 정신 활동은 두 층으로 나뉘어 작동합니다. 하나는 우리의 통제 범위 안에 있는 의식이고, 다른 하나는 통제 범위 밖에 있는 무의식입니다. 행동경제학의 아버지이자 노벨경제학상 수상자 대니얼 카너먼은 저서 『생각에 관한 생각』(김영사)에서 이를 시스템1(빠르게 생각하기-무의식), 시스템2(느리게 생각하기-의식)로 나누어서 설명합니다. 우리는 우리의 삶을 의식(이성)에 따라 거의 통제하면서 살고 있다고 생각하지만 연구 결과들은 실제로 삶의 대부분을 시스템1, 즉 무의식이 담당한다고 설명합니다. 물론 우리도 모르는 사이에 모든 일들이 뇌에서 벌어지지요. 왜냐하면 우리에게 주어지는 외부 정보가 흘러넘쳐서 이를 의식적으로 모두 처리하려면 뇌에 엄청난 부하가 걸리고 정상적인 생활을 할 수 없기 때문입니다. 오랜만에 친구를 만나기 위해 지하철에서 내려 길을 걷는다고 상상해 보세요. 약속 장소인 카페까지 걷는 동안 우리는 아주 많은 것을 보게 됩니다. 지나치는 사람들을 생각해 보세요. 우리는 그 사람들을 의식하지 않고 심지어 몇 명을 지나쳤는지 세지도 않습니다. 눈을 통해 전달되는 수많은 자극을 무의식이 '특이사항 없음'으로 처리하기 때문입니다. 우리가 인지하는 모든 정보는 무의식을 통해 가공된 후 제공되는 것들입니다. 걷는 동안 몇십 명의 사람들을 지나쳤을 텐데 이들의 얼굴을 기억하지 못하는 것은 무의식이 정말 특이사항이 없어서 쓰레기통으로 직행시킨 경우입니다. 그런데 어느 날은 자신도 모르게 눈길이 가는 경우가 있습니다. 연예인 같은 외모를 지닌 사람이 지나갔기 때문입니다. 이 경우 우리의 무의식은 그제서야 '특이사항 있음'으로 태그를 달고 이 정보를 우리의 의식으로 보내어 기어코 에너지를 써서 고개를 돌리게 만듭니다. 훌륭한 이성을 만나는 것은 유전자 지도의 맨 앞에 있는 기준이니까요. 그리고 카페에 도착하자마자 호들갑을 떨면서 친구에게 이 말을 건네겠지요. "내가 여기 오는 길에 연예인 같은 사람을 봤거든? 주절주절~" 다른 일상생활에서도 다르지 않습니다. 길에서 그냥 지나치는 사람들처럼 우리가 의식하지 못하는 사이에 무의식이 처리해 버립니다. 의식은 연예인처럼 생긴 아주 일부의 정보만을 처리합니다. 실제로 거의 대부분을 무의식이 담당한다고 해도 과언이 아닙니다.

우리 몸은 에너지를 효율적으로 사용하는 방향으로 진화했습니다. 뇌 또한 그렇습니다. 무의식은 자동화 시스템이라 매우 효율적입니다. 효율적이지만 두 가지 단점이 있습니다. 첫 번째 단점은 편향을 만든다는 것입니다. 편향은 '생각이 한쪽으로 치우침'을 뜻하며, 선입견과도 비슷합니다. 사회과학이나 심리학 분야에서 쓰는 용어지만 실생활에서도 종종 사용합니다. 대표적인 예로 확증 편향이 있습니다. 확증 편향은 자기중심적으로 정보를 왜곡해서 받아들이는 것입니다. 더 쉽게 말해 '보고 싶은 것만 보고, 듣고 싶은 것만 듣는' 보편적 현상입니다. 현대사회는 확증 편향을 더욱 가속화시킵니다. 알고리즘 때문입니다. 우리는 정보의 대부분을 인터넷이라는 온라인을 통해서 얻습니다. 그중에서도 유튜브는 대단한 알고리즘을 갖고 있습니다. 영상을 하나 시청하면 이 영상과 연관된 영상을 아주 친절하게 다음 영상으로 제안해 줍니다. 이렇게 몇 개의 영상을 보고 나면 유튜브 첫 화면에 비슷한 주장의 영상들로 가득 채워집니다. 자신이 다른 키워드로 검색하지 않는 이상 그야말로 보고 싶은 것만 볼 수 있도록 엄청난 배려를 받을 수 있습니다. 이러한 확증 편향이 생기는 이유는 무의식의 정보 처리 과정에 관성이 있기 때문입니다. 무의식은 과거에 수행했던 정보 처리나 의사 결정을 기반으로 새로운 정보를 빠르게 처리합니다. 그래서 새로운 자극이 들어와도 의례 같은 정보겠지라며 무사통과시키는 경우가 많습니다. 그리고 이 과정이 반복되면 이 무의식 반응은 더 강화됩니다.

무의식은 종종 오류를 발생시킵니다. 그래서 이를 보완하기 위해

의식이 작동합니다. 무의식의 오류를 의식이 잘 잡아내 주면 좋지만, 확증 편향처럼 이미 굳어진 편향들은 의식이 관여하기가 쉽지 않습니다. 이것은 무의식의 두 번째 단점과 연결됩니다. 무의식의 다른 단점은 쉽게 바뀌지 않는다는 것입니다. 편향은 이미 굳어진 무의식입니다. 그래서 의식의 접근을 좋아하지 않습니다. 때론 외부 의식도 무시해 버리지요. 흔히 말하는 '사람 고쳐서 쓰는 거 아니다'라는 말은 무의식이 얼마나 고치기 힘든 것인지를 보여 주는 말이라고 생각합니다. 작심삼일이라는 말도 의식이 얼마나 연약한지를 대변해 줍니다. 마음먹는다고는 하지만 의식적 노력은 고작 3일의 효과도 보장할 수 없습니다. (새해 다이어리에 어김없이 이름을 올리는 계획 3대장이 있잖아요. 다이어트, 독서, 영어 공부! 이 친구들 아직 무사한가요?) 이전 단락에서 말씀드린 '부모도 완벽한 어른이 아니다를 인정하는 것'은 '무의식은 쉽게 바뀌지 않는다'의 연장선에 있습니다. 완벽한 어른이란 완벽하게 이성을 통제하는 사람을 뜻하지만, 완벽하게 이성을 통제하는 것은 무의식의 강력한 반발로 쉽게 무너집니다. '나는 굉장히 이성적인 사람이야. 그리고 의지도 강하지. 그러니 나는 나의 무의식조차 통제할 수 있어'라고 얘기하는 사람은 물감으로 바다를 검게 만들겠다고 얘기하는 사람과 같습니다. 그만큼 무의식은 강력합니다.

　무의식의 오류가 편향으로 나타나는 반면, 무의식의 정상적인 부분은 태도로 나타납니다. 태도는 나의 의지로 조절 가능한 것처럼 느낄 수 있습니다. 그러나 실제로 태도는 내가 미처 의식하기 전에 생각과 행동에 반영됩니다. 생각하지도 못하고 알지도 못하는 '부지불식간에'라는 표현이 아주 적절합니다. 무의식은 그동안 내가 경험했던 것들과 나의 생각, 말, 행동들을 바탕으로 만들어지고, 무의식적 행동의 결과들이 피드백되어 무의식을 만드는 순환 구조가 형성됩니다. 그래서 무의식에는 관성이 있습니다. 그리고 관성에는 필연적으로 방향이 있습니다. 태도는 삶 속에서 내가 바라보는 방향이라고 말씀드렸습니다. 이런 의미에서 태도는 무의식의 발현입니다.

무의식은 태도를 낳습니다. 그런데 태도는 직접적으로 눈에 잘 보이지 않습니다. 이것을 직접 확인할 수 있는 것이 있습니다. 바로 습관입니다. 태도의 결과물이 습관입니다. 습관은 눈에 잘 보입니다. 행동 습관은 눈에 보이기도 하고 수많은 흔적을 남깁니다. 말 습관도 귀로 잘 들을 수 있습니다. 우리 삶이 말과 행동의 자취라고 할 때 조금만 과장하면 습관이 우리 삶 자체라고 말할 수도 있습니다. 그래서 우리는 좋은 습관을 가지려고 노력합니다. 좋은 습관이 좋은 삶을 만들어 주니까요. 좋은 습관을 만들기 위해서는 좋은 태도를 가져야 합니다. 이 좋은 태도를 갖기 위해서 우리에게 필요한 것은 좋은 무의식입니다.

좋은 무의식? 무의식이면 무의식이지, 좋은 무의식이라니요. 무의식에 좋고 나쁨이 어디 있겠습니까. 무의식은 자동화 기계인걸요. 그런데 제가 표현한 좋은 무의식은 의식과 친한 무의식을 뜻합니다. 무의식을 우리가 직접 통제할 수 없지만 무의식에 의식적으로 관여할 수는 있습니다. 바로 독서를 통해서요. 이쯤되면 대충 눈치 채셨지요? 기승전'독서'. 다른 이야기도 있으니 조금만 더 따라와 주세요.

부모의 가장 중요한 유산

이제 양육에 관한 이야기를 해 보겠습니다. 제가 생각하는 양육의 기본 전제는 이것입니다. '자녀는 부모를 그대로 닮는다.' 쉽게 수긍할 수 있는 말이지만 굉장히 무서운 말이기도 합니다. (무섭다는 말에 동의하시지요? 어찌나 싫어하는 부분만 잘도 닮는지요.)

　부모는 자녀에게 세 가지 유산을 남깁니다. 하나는 부모의 DNA입니다. 육체적 유산이지요. 생물학적으로 자녀는 부모를 닮습니다. 자연의 법칙입니다. 다음으로 부모의 말과 행동입니다. 인간은 태어난 후 생명을 자신의 양육자에게 완전히 의탁해야 합니다. 대게는 이 역할을 부모가 담당합니다. 자녀는 독립하기 전까지 부모의 울타리 안에서 먹고 자랍니다. 그러니 아이들은 사회에서 살아남기 위해 부모의 말과 행동을 따라합니다. 부모가 기본 롤모델이 되는 것입니다. 이것은 사회의 법칙입니다. 마지막 유산은 부모가 죽으면서 부모가 소유하고 있는 물질을 남기는 것입니다. 단어 그대로의 유산입니다. 마지막 유산은 부모의 선택으로 유산이 될 수도 아닐 수도 있습니다.

　세 가지 유산 중에 가장 중요한 것은 두 번째 유산인 부모의 말과 행동입니다. 현재로서는 DNA는 부모의 선택 사항이 아닙니다. (유전자 기술이 더 혁신적으로 좋아질 미래의 어느 날에는 부모의 선택으로 아이들에게 자신들의 유전자를 물려줄 수 있을지도 모르겠습니다.) 마지막 물질적 유산은 자녀가 이미 다 성장하고 난 이후일 테니 우리가 고려할 양육 과정에서의 유산과는 거리가 멉니다. 그래서 양육이라는 과정 안에서 가장 중요한 것은 부모의 '말과 행동'입니다.

아이들은 부모에게서 배웁니다. 어린이집, 유치원, 학교, 종교단체, 다른 커뮤니티에서도 물론 배웁니다. 하지만 이런 외부 기관에서 배우기 전에 기본적인 것들은 가정에서 체득합니다. 부모는 부정할지 모르지만 부모는 무의식 중에 가르치고 있고 아이는 무의식 중에 배우고 있습니다. 삶 가운데 가르침과 배움이 있으니 그럴 수밖에요. 그리고 성장하면서도 지속적으로 배우고 배운 것이 강화됩니다. 이것이 중요합니다. '남편은 꼭두새벽에 나갔다가 아이들 자면 들어와요. 그래서 가르침을 줄 시간이 없습니다.' 남편의 이러한 행동도 모두 가르침의 범주에 들어갑니다. '아빠라는 사람은 집에서 잘 볼 수 없는 존재구나.' 이때 중요한 것은 아내의 말입니다. 아내의 말에 따라 남편의 행동이

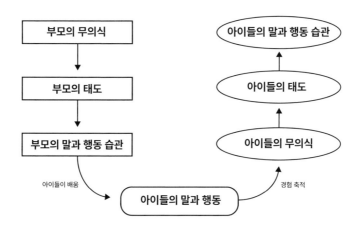

주는 가르침의 방향이 달라집니다. '아빠 사랑이 이런 식으로도 표현될 수 있구나'와 '아빠는 돈 벌어다 주는 기계구나'라는 인식은 아내의 말에 따라 달라집니다. 이처럼 부모의 존재, 말 그리고 행동은 아이들의 생각에 영향을 줍니다.(앞의 그림은 아이들이 부모의 말과 행동을 배우게 되는 과정을 간단히 도식화한 것입니다.)

아이들의 말과 행동 습관에는 부모의 태도, 더 깊이는 부모의 무의식이 영향을 미칩니다. 앞서 말한 늦게 귀가하는 남편을 아내가 아이들에게 설명해 주는 경우에도 아내의 무의식이 그대로 표현됩니다. 남편을 평소에 어떻게 생각하고 있는지 마음의 소리가 나오는 것이지요. 부모는 아이들에게 '자~ 따라 해 봐'라면서 아이와 마주 보고 가르치려고 하지만, 실제로 아이가 배우는 것은 부모가 아이에게 등을 보인 채 무의식에서 하는 말과 행동들입니다. '아이는 부모의 등을 보고 자란다'라는 말을 저는 이렇게 해석했습니다.

장 지오노 작가의 『나무를 심은 사람』(두레)이라는 책이 있습니다. 저희 집 가훈과도 같은 책입니다. 간단한 내용은 이렇습니다. 거칠고 척박한 황무지에서 길을 잃고 떠돌던 사람이 우연히 목동을 만나 도움을 받습니다. 그 목동은 양을 치는 단조로운 생활을 하지만 매일 실한 도토리 100개를 골라 이 황무지에 심는 일도 빼놓지 않았습니다. 몇 년 후 세상의 전쟁이 끝나고 다시 돌아온 황무지에는 전에 없던 숲이 만들어지고 개울이 흐르며 동물들이 돌아와 보금자리를 틀게 되었습니다. 모두 목동이 그동안 심은 나무들이 자라서 만들어진 결과였습니다. 목동은 여전히 나무 심기를 멈추지 않았고 숲은 더 커졌으며, 떠났던 사람들이 돌아와 다시 이곳에 마을이 생깁니다. 그런데 사람들 모두 원래부터 이 숲이 있었던 것으로 생각했지요.『나무를 심은 사람』은 한 사람의 헌신이 얼마나 고귀한지를 말해 줍니다.

저희 집 가훈은 '성실'입니다. 국민학교 시절 몇몇 학급에 붙어 있을 만한 고리타분한 단어입니다. 저도 어렸을 때는 성실의 진짜 의미를 잘 알지 못했습니다. 그런데 살다 보니 이처럼 귀한 단어가 없음을 알게 되었고 저희 집 가훈으로까지 쓰게 되었습니다. 저는 성실에 세 가지 가치가 함께해야 온전한 성실이 된다고 생각합니다. 첫째는 꾸준히 하는 것입니다. 작심삼일로 끝내는 것이 아니라 남들이 놀랄 만큼 여전히 하는 것입니다. 꾸준히 하면 원하는 바가 무엇이든 간에 반드시 이룰 수 있습니다. 꾸준함이 비범함이 됩니다. 둘째는 최선을 다하는 것입니다. 대충대충 하는 것이 아니라 자기의 에너지를 온전히 쏟는 것입니다. 독서실 책상에 앉아 있는다고 성적이 올라가지 않는 것은 당연합니다. 셋째는 거짓말하지 않는 것입니다. 특히 자기 자신을 속이지 않는 것입니다. 꾸준히 한 척, 최선을 다한 척, 남들에게는 그렇게 보일 수 있겠으나 자신은 이 거짓말을 모두 압니다. 양심에 찔린다면 성실하지 않은 것입니다.

내 아이만의 답지가 필요합니다

육아 멘토계에서 유명한 지나영 교수님은 미국 존스홉킨스 소아정신과 전문의입니다. 『세상에서 가장 쉬운 본질육아』(21세기북스)라는 책을 비롯해 여러 강연을 통해 육아에 대한 자신의 생각을 나눕니다. 저도 이 책을 '맞아! 그렇지!'를 연발하며 읽었습니다. 특히 공감되는 부분은 아이의 자율성 보장에 관한 것이었어요. 제가 언제나 강조하는, 육아의 최종 목적 '아이의 온전한 독립'을 위해서 꼭 필요한 주체성은 자율성에서부터 나오기 때문입니다.

아이들이 자율성을 갖기 위해 부모가 하지 말아야 할 것은 부모의 기준으로 아이를 재단하는 것입니다. 대부분의 부모님은 아이를 위한 로드맵을 이미 갖고 있습니다. 몇 살이 되면 무엇을 해야 하고, 이때가 되면 또 어떤 것을 해야 하고 하는 것들 말이지요. 육체적 성장 단계에 맞춰서 적절한 자극을 제공하는 것은 매우 좋습니다. 하지만 무엇이든 과하면 탈이 나는 법입니다. 부모는 이미 정답지를 손에 쥐고 있습니다. 문제는 그 정답지가 우리 아이의 것이 아니라는 데에 있습니다. 성공한 아이들의 것을 짜깁기해서 만들어낸 정답지는 우리 아이에게 딱 들어맞을 리 없습니다. 그것을 참고는 할 수 있지만 우리 아이는 우리 아이만의 답지가 필요합니다. 그리고 그 답지는 부모와 아이가 함께 만들어가야 하고요.

내 아이와 답지를 만들어갈 때 최대의 적은 바로 '옆집 엄마'입니다. 아이들의 최대 적이 '엄친아'인 것과 비슷합니다. 존재하지 않는 가상의 이상향을 설정하고 옆집 엄마는 엄친아를 만들기 위한 정답지를 공유합니다. 부모는 시험 족보를 몰래 공유받은 것처럼 좋아하고 안심합니다. 이대로만 하면 우리 아이도 엄친아가 될 것으로 믿습니다. 하지만 이내 이 정답지대로 살지 못하는 우리 아이를 보며 불안해하지요. 때론 좌절하고요. 이것은 우리가 이상향과 본질을 혼동하기 때문에 발생하는 문제입니다.

저는 개인적으로 '본질'이라는 단어를 좋아합니다. 본질은 근본이기도 하고, 원리이기도 하고, 개념이기도 합니다. 플라톤이 말한 '이데아'와도 비슷하지요. 본질은 현상을 만듭니다. 보통의 경우 눈에 보여지는 현상을 통해 본질을 파악하려고 하지만 이 작업에서 오류가 많이 발생합니다. 하지만 본질을 제대로 알고 있으면, 깨닫고 나면, 그때 비로소 자기가 해야 할 것을 온전히 알 수 있습니다. 지나영 교수님은 지금 한국 사회가 휩쓸려 보고 있는 현상에서 고개를 돌려 진정한 육아의 본질을 바라봐야 한다고 주장합니다. 아이들은 부모의 만족을 위한 수단이나 도구가 아니라, 그 자체로 가치 있는 독립체라는 본질을 보라고 말하지요. 부모는 아이에게 삶의 근본을 보여 주고, 아이는 이를 보고 삶을 스스로 개척해 갈 수 있다면, 이것이 곧 육아의 본질입니다. 더불어 아이뿐만 아니라 부모도 함께 성장해서 스스로 인생을 잘 살아가는 법을 배우게 됩니다.

지인과 자녀 교육에 대해서 이야기를 나누다가 이런 생각을 했습니다. (좀 거칠게 표현하자면) 육아에도 진보(꾸준히 변화를 요구하고 실행하려고 하는 태도)와 보수(기존 제도를 옹호하거나 따르는 태도)가 있는 것 같습니다. 보수의 대표는 단연 '학원'입니다. 기존 대입 시스템에서 기득권을 갖고 있고 실제로 좋은 대학이라는 결과물을 가장 많이 내고 있지요. 좋은 대학, 좋은 일자리, 안정적 사회 진입, 기득권 유지가 명확한 목표입니다. 결과 지향적입니다. 반면 진보는 스펙트럼이 넓습니다. 형식상으로는 대안학교가 대표 주자이고, 엄마표나 혼공 등의 모습을 보이기도 합니다. 입시를 부정하진 않지만 사교육 외에 다른 방법을 찾으려고 노력합니다. (모두 그렇지는 않지만) 좋아하는 것을 해야 행복하다는 믿음이 저변에 있는 것 같습니다. 더불어 좋은 대학이 행복한 삶을 보장하지는 않는다고 생각하는 것 같고요. 그리고 현재의 행복을 중요하게 여깁니다. 그래서 상대적으로 과정 지향적입니다.

이런 측면으로 육아를 바라보면, 결국 '행복을 어떻게 정의하느냐'에 따라 진보와 보수의 육아 성향으로 나눌 수 있을 것 같습니다. 책 초반에 말씀드렸던 것처럼 행복의 정의는 삶의 가치관과 맞닿아 있습니다. 여러분은 어떤 가치를 중요하게 생각하나요? 아이들에게 어떤 가치를 주고 있나요?

최근에 반가운 소식을 하나 들었습니다. 현재 중학생인 저희 아이와 비슷한 연령의 아이를 키우는 분들은 많이 알고 있는 『불량육아』(알에이치코리아)의 주인공 하은양이 책을 한 권 냈더라고요. 『합격 공식』(클랩북스). 소위 책육아의 시작을 알렸던 하은맘님의 책들을 보고 저도 많은 도움을 받았습니다. 〈불량육아 시리즈〉를 읽으면서도 하은이의 성장이 매우 궁금했었어요. 그리고 진심으로 잘 자라 주기를 바랐습니다. 왜냐하면 하은이는 위에서 말한 진보적인 육아의 선두주자이기 때문입니다. 하은양은 매우 잘 자란 것으로 보입니다. 만 16세에 연세대학교 합격이라는 타이틀은 모든 옆집 엄마도 충분히 관심을 가질 만한 것이니까요.

양육 주체성과 연대

지나영 교수님은 양육에서 제도보다 문화를 우선시합니다. 문화가 제도를 이끈다는 뜻입니다. 여론이 정책을 바꾸는 것과 같습니다. 하지만 문화는 한순간에 변하지 않습니다. 그리고 반드시 선구자가 필요합니다. 매일매일 도토리 100개 씩을 심는 성실함이 필요하고, '그게 무슨 소용이냐'라는 남들의 말에 흔들리지 않고 무소의 뿔처럼 혼자서 가는 전념과 헌신이 동반되어야 합니다. 이 선구자들로 인해 시나브로 문화가 전파됩니다. 사람들이 알지 못하는 사이에 나무가 자라고 숲이 됩니다.

　　주체는 주관을 가진 객체를 말합니다. 주인이라는 말과도 같습니다. 우리가 육아를 할 때 옆집 엄마가 건네준 정답지를 맹신하는 것은 주체적이지 못한 태도입니다. 육아의 당사자인 부모와 아이가 해당 육아의 주체가 아니라는 이상한 현상이 발생됩니다. 이것은 부모와 아이만의 고유한 것을 찾지 않고 타인의 가치에 자신의 것을 비교하는 문화 때문입니다. 이 문화는 근대 자본주의 발생 이후 사회가 상업화되면서 점점 가속되었습니다. 자신만의 정체성을 고집하기 보다는 언제든지 사회가 '요구하는' 것에 맞춰 변화할 수 있는 상태를 지향하는 것입니다. 이러한 사회를 폴란드 철학자 지그문트 바우만은 '액체 근대'라고 불렀습니다. 피트 데이비스의 『전념』(상상스퀘어)을 보면 그 의미가 잘 설명되어 있습니다. 액체 근대는 '어느 한 가지 정체성, 장소, 공동체에 스스로를 묶어 두는 것을 원하지 않고, 마치 액체처럼 어떠한 형태의 미래에도 맞춰서 적응할 수 있는 유동적 상태의 사회'를 말합니다. 돈은 가장 확실한 액체화의 수단입니다. 돈을 버는 것이 최상의 목표가 되는 순간, 우리는 삶을 이루는 특정한 '고체'를 전부 '액체', 즉 금전적 가치로 환산합니다. 좀 더 눈에 보이는 예를 들자면, 동네 카페가 모두 스타벅스로 바뀌는 것과 같습니다. 그리고 차츰 사람은 돈 앞에서 배제됩니다. 공동체가 유기되고 정체성은 위기를 맞습니다. 이는 홍수가 모든 것을 쓸어가는 것과 같습니다. 그리고 거칠고 메마르고 바람 거센 황무지가 되는 것입니다. 사람들은 평균을 찾습니다. 평균 안에서 안정감을 원합니다. 그래서 '남들 하는 대로' 따라하고 액체화된 사회에서 부유하며 살아갑니다. 안정감을 원하지만 역설적으로 뿌리내리지 못했다는 불안함이 자리합니다.

　부모의 주체적 양육을 위해 저는 '전념'이라는 단어를 제안하고 싶습니다. 온전히 양육의 당사자인 부모 자신과 아이만을 생각하는 것입니다. 주체성을 가지면 전념의 행동이 나오고 반대로 전념하면 주체적이 됩니다. 영어 단어 'dedicate'는 우리말로 '전념하다'라는 뜻과 함께 '헌신하다'라는 뜻이 담겨 있습니다. 우리말로는 다른 뜻인데 가만히 생각해 보면 두 뜻이 착 붙어 있다는 것을 알 수 있습니다. 헌신 없는 전념은 존재하지 않거든요. 헌신은 필연적으로 고통을 수반합니다. 하지만 부모로서 그 헌신은 양육에 전념하고 있는 주체로서 다른 기쁨을 가져다줍니다. 바로 자녀의 온전한 독립이지요. 이를 위해서 부모가 우선 휩쓸리지 않는 양육 주체성을 가지는 것이 필요합니다. 액체화된 사회에서 뿌리를 내리는 것은 쉽지 않은 일입니다. 그럼에도 이렇게 내린 부모의 뿌리는 자녀가 흔들리지 않을 자신만의 뿌리(주체성)를 내리는 데 도움을 줄 것입니다.

전념과 더불어 한 가지 더 제안하고 싶은 것이 '연대'입니다. 연대는 단순히 함께하는 것과는 다릅니다. 연대를 위해서는 앞서 말한 각자의 주체가 전제되어야 합니다. 연못 위에 떠 있는 개구리밥들이 서로 연대하고 있다고 하지는 않잖아요. 그 역시 부유하고 있을 뿐입니다. 연대는 뿌리내린 한 주체 옆에 다른 뿌리를 내리는 것입니다. 각 가정마다 조금씩의 다름이 있을 테니 조금 옆에서, 그리고 또 조금 옆에서 뿌리내리되 가지를 맞대고 함께 전념하고 헌신하는 것입니다. 이 연대를 통해서 우리는 비로소 숲을 이룰 수 있습니다. 이것이 바로 문화입니다. 그리고 문화의 전파입니다. 저는 이 숲에서 우리 아이들이 뛰노는 상상을 가끔 합니다. 모두 각각의 주체로 살아가지만, 모두 저마다의 모양으로 가지를 뻗고 있지만, 하나의 큰 숲을 이루어 함께 살아가는 아름다운 공동체를요.

부모로서 무엇에 전념하고 있는지 돌아봅니다. 부모인 나 자신과 나의 자녀에게 전념하고 있는지, 아니면 세상의 가치와 그것과의 비교에 전념하고 있는지를요. 모든 것을 평균으로 만들어 버리는 액체화에 맞서 명예를 중시하고 연대를 강조하여, 돈보다 특정한 가치를 좇는 '고체 자녀'로 아이들을 키우는 것이 무엇일까 하고 말입니다. 확실한 것은 '남들 하니까'가 답은 아니라는 것이에요. 매일 100개의 도토리를 정성껏 골라 심은 목동의 태도를 갖게 하는 것은 무엇일까 고민했습니다. 그 방법을 아이에게 알려 주고 싶었습니다. 숲에 관한 독서일까? 도토리 전문 학원일까? 황무지로의 여행일까? 하지만 곧 알게 되었습니다. '그런 방법이란 없구나. 부모인 내가 목동이 되어야 하는 거였구나!' 육아란 본래 그런 거였는데 말이지요.

진짜 문해력을 높이려면

책육아가 대단히 유행입니다. 책이 좋다는 것은 아무도 부정하지 않거든요. 각종 학원 육아의 대안이나 보조 수단으로 책육아를 선택합니다. 책육아의 스펙트럼은 매우 넓습니다. 부모의 태도에 따라서도 형태가 다양합니다. 자녀에게 책을 많이 읽을 수 있도록 동기부여하고 환경을 제공해 주는 것부터 시작해서, 부모가 아이들에게 책을 읽어 주기도 하고, 육아서를 읽고 이를 실천해 보는 것도 책육아의 범주라고 할 수 있습니다. 크게 두 부류로 나눈다면 '책을 읽도록' 아이를 양육하는 것과 '책을 통해서' 아이를 양육하는 것으로 분류할 수 있겠습니다. 저는 당연히 이 두 가지 모두 행해져야 진짜 책육아라고 생각합니다. 책만 책장에 많이 꽂아 주는 것으로 부모의 역할을 다했다고 생각하면 오산입니다. 책육아는 생각보다 품이 많이 듭니다. 책은 아이가 읽지만 부모는 아이보다 더 준비하고 더 읽고 더 생각해야 합니다. 그래야 책을 통해 성장하는 아이로 인도할 수 있습니다.

책을 많이 읽는다고 모든 아이가 부모가 원하는 책육아의 결과물을 내는 것은 아닙니다. 책육아를 하는 보통의 부모는 책을 통해 성품뿐만 아니라 학업까지 두 마리 토끼 모두를 잡기 원합니다. 그래서 책육아와 더불어 문해력도 덩달아 유행입니다. 국어 학원, 논술 학원에 이어 문해력 학원도 생겼습니다. 문해력이 훌륭한 삶을 살아가는 데에 꼭 필요한 것으로 분위기가 만들어졌습니다. 그래서 책육아라는 타이틀로 책에 집착하는 부모님도 종종 계십니다. 저도 책이 좋은 성품과 훌륭한 학업 성적에 도움이 될 거라는 믿음을 갖고 있습니다. 적어도 확률적으로는요.

하지만 다시 생각해 봐야 할 것이 있습니다. 우선 학업적인 측면에서 보겠습니다. 사람들이 문해력이 중요하다고 하는 이유는 문해력이 중요하다고 TV에 나왔기 때문입니다. 문해력 이전에 우리는 독해력이라는 단어를 사용했습니다. 그런데 어느 날 문해력이라는 새로운 개념이 등장했고, 교육 시장에 새로운 소비를 불러일으켰습니다. 저도 문해력이라는 단어를 처음 들었을 때 과연 독해력과 어떻게 다른지 한참을 공부했습니다. 다음은 국립국어원에서 독해력과 문해력의 차이가 무엇인지 궁금해하는 질문에 답을 단 내용입니다.

"안녕하십니까? 표준국어대사전에 따르면 '독해력'은 '글을 읽어서 뜻을 이해하는 능력'을 뜻하며 '독해력 시험'과 같이 쓰입니다. '문해력'은 '글을 읽고 이해하는 능력'을 뜻하며 '정보 문해력 증진'과 같이 쓰입니다. 사전 뜻풀이에 '독해력'과 '문해력'의 차이가 명확하게 드러나 있지 않아 그 차이를 정확히 말씀드리기 어려우나, 언어 현실에서는 '독해력'이 글을 읽고 그 뜻을 이해하는 능력이라면, '문해력'은 글을 읽고 이해하여 자기 방식으로 표현할 수 있는 능력까지를 포괄하는 개념으로 쓰이는 듯합니다. 또한 '문해력'은 '미디어 문해력'처럼 단순히 문자를 기술한 방식의 글보다 포괄적인 범위에서도 쓰이는 듯합니다. 고맙습니다."

문해력이라는 단어는 풀이하는 사람마다 조금씩 정의가 다릅니다. 국립국어원에서 조차 '~듯합니다'라는 답을 내놓을 정도니까요. 하지만 사람들의 공통적인 해석은 독해력이 '글을 읽고 이해하는 것'까지라면 문해력은 이보다 더 포괄적인 '표현'의 영역을 포함한다고 설명합니다. 그래서 저는 아이들의 수학능력평가 중심의 학업 영역에 한정한다면 글을 읽고 이해하는 독해력만으로도 충분하다고 생각해요. 국어 외 과목들에서 문해력이 필요하다고 말하는 것이 수학이나 과학의 문제, 지문, 설명 등을 읽고 잘 이해하기 위해서라고 하니까요. 그리고 실제로 독해력은 교과 학습이나 많은 독서를 통해서 높여 갈 수 있습니다. 그러나 문해력은 단순히 학교, 학원에서 학습하며 익힐 수 있는 것이 아닙니다. 왜냐하면 문해력에는 '맥락'이 존재하기 때문입니다. 처해진 상황이나 주어진 환경에 맞춰서 적절히 글을 이해하고 적용시켜, 나의 생각과 융합하는 활동이 필요합니다. 따라서 문해력은 칠판을 통해 배우는 것이 아니라 생활 속 경험을 통해서 배우는 것입니다.

　문해력을 다른 말로 표현하면 소통 능력입니다. 문해력이 높다는 것은 소통 능력이 뛰어나다는 말과 같습니다. 그래서 많이 얘기하고, 많이 쓰고, 많이 표현하는 사람이 더 높은 문해력을 가질 수밖에 없습니다. 학원에서 정해진 커리큘럼을 소화하는 것이 아니라 형제와 다투고, 부모와 토론하며, 일기나 독후감을 쓰고, 여행을 많이 다니는 아이들이 더 높은 문해력을 장착할 수 있는 이유입니다. 당연히 높은 문해력의 기초에는 높은 독해력이 뒷받침되어야 합니다. 그래서 문해력을 말할 때 독서가 빠지지 않는 것입니다. 학업을 넘어 사회의 영역으로 확장한다면 문해력이 높은 사람이 더 많은 것을 성취할 가능성이 높을 것입니다. 타인과 더 잘 소통하고 자기가 원하는 바를 더 잘 관철시킬 수 있을 테니까요. 이런 의미에서 문해력을 익히는 것이 중요하다는 것에는 저도 적극 동의합니다. 그러나 문해력은 학원을 다닌다고 해결되는 것이 아닙니다. 독해력을 높힌 후 더 다양한 활동과 경험들이 축적되어야 합니다.

　제가 하고 싶은 말은 문해력이라는 단어에 너무 목매지 않아도 된다는 말입니다. 아이들은 매일매일 자연스럽게 그들의 문해력을 높이고 있습니다. 진짜 문해력을 높이고 싶다면 책육아가 아니라 등육아를 해야 합니다. 등육아? 이건 제가 만든 말이에요. 등짝 육아의 준말입니다. 등짝 스매쉬를 날리는 육아를 기대했을지도 모르겠네요. 하지만 아쉽게도 그건 아니에요. 이제부터 등육아 이야기를 해 볼게요.

자녀 교육의 핵심 '등육아'

학업 이야기를 했으니 이제는 성품 이야기를 해 보겠습니다. 성품은 사람의 성질이나 됨됨이를 말합니다. 성격이 외적 행동 양식에 대한 것이라면 성품은 내적 마음가짐에 대한 것입니다. 성품이나 성격은 어떻게 만들어질까요? 학자마다 다르지만 태어날 때부터 타고난 것 50%, 후천적으로 학습한 것 50% 정도로 보는 것이 일반적입니다. 기질이 유전되는가에 대한 쌍둥이 실험들에서도 유전된다와 유전되지 않는다라는 결과가 동시에 존재합니다. 이런 결과에도 불구하고 대상을 아이들에게만으로 한정한다면 성격이나 성품은 온전히 부모의 몫이라고도 할 수 있습니다. 유전될 성품, 성격, 기질을 물려준 사람도 부모이고 후천적 학습의 롤모델도 부모니까요. 부모의 책임은 부인할 수 없습니다.

　저는 후천적 결정론자입니다. 심리학자 아들러에 따르면 '사람의 성격은 타고나는 것이 아니다'라고 합니다. 사람들과의 관계 속에서 본인이 선택할 수 있다고 말하지요. 첫째 아이와 둘째, 셋째의 성격이 각각 다르지만 첫째끼리, 둘째끼리는 비슷한 성격을 갖게 되는 것은 관계에 맞게 성격을 선택하기 때문이라고 설명합니다. 저는 여기에 더해서 부모의 양육 태도가 중요한 영향을 미친다고 생각합니다. 아이는 부모와의 관계를 기반으로 세상과의 관계를 맺기 시작하는데, 이 태도가 부모로부터 모방한 것일 가능성이 클 테니까요.

많은 육아서에서 아이와의 좋은 관계를 위해 '소통'을 강조합니다. 마음을 읽어 주고, 공감해 주고, 웃어 주고, 칭찬해 주는 것이 아이가 긍정적이고 도전적으로 성장하는 데 도움이 된다고 설명합니다. 이런 종류의 소통은 모두 부모와 아이가 얼굴을 마주 보고 할 수 있는 것들입니다. 부모의 이런 '의식적' 행동은 아이들의 정서에 많은 영향을 줍니다. 책육아도 아이와 마주 보는 육아입니다. 함께 읽고 함께 이야기하게 되니까요. 독후감을 쓰고 생각을 나누는 것은 의식적 상호작용의 결과입니다.

하지만 모든 육아를 아이와 마주 보고 할 수는 없습니다. 사실 부모는 아이와 마주 보는 시간보다 마주 보지 않는 시간이 훨씬 많습니다. 이 시간에 아이들은 부모의 얼굴이 아니라 등을 봅니다. 남편 혹은 아내와 대화하는 부모, 다른 어른과 통화하는 부모, 운전하는 부모, 핸드폰을 손에서 놓지 않는 부모, 식사를 준비하는 부모, 남 탓하는 부모, 실수에도 의연하게 대처하는 부모, 책 읽는 부모, 심지어 내일 아침에나 보게 될 집을 나서는 부모까지 아이들은 부모의 백만 가지 등을 보고 자랍니다. 그리고 이 등을 보는 시간은 얼굴을 보는 시간보다 더 많습니다. 부모의 등을 보는 매 순간 아이들은 배웁니다. 자신이 살아야 할 세상에서 먼저 살아남은 완전한 자신의 보호자니까요. 아이와 직접 소통하지 않는, 즉 아이들에게 등을 보이는 시간에 부모는 자신도 모

부모의 등을 보는 매 순간 아이들은 배웁니다. 자신이 살아야 할 세상에서
먼저 살아남은 완전한 자신의 보호자니까요.

르게 '아이 소통 모드'를 '개인 모드'로 전환합니다. 아이들과 소통할 때는 대단히 의식적입니다. 신경 쓰는 거지요. 나의 말이나 행동이 아이에게 영향을 준다는 것을 인지하고 있으니까요. 아이들과 조금만 시간을 보내도 빨리 피곤해지는 것은 효율 좋은 무의식을 사용하지 않고 에너지가 엄청 필요한 의식을 많이 사용하기 때문입니다. 노트북을 최고 성능으로 사용하는 것과 같습니다. 배터리가 금방 닳습니다. 하지만 아이들과 떨어져 나 자신의 모습으로 돌아온 시간에는 의식보다 무의식으로 일상을 살아갑니다. 자동 항법 시스템에 나를 맡기는 것입니다. 그리고 이 무의식이 운전하는 일상이 부모의 등을 통해 아이에게 비춰집니다.

책육아에서는 아이들에게 책을 읽히기 위해 부모가 먼저 책 읽는 모습을 보여 주는 것이 좋다고 말합니다. 이 방법 역시 등육아의 한 부분입니다. 그런데 부모 입장에서 아이가 지녔으면 하는 요소가 독서 하나 뿐이던가요. 예를 들어 연세대학교 김주환 교수님(퍼스널 커뮤니케이션 전공)이 말한 마음 근력을 키우고 내면 소통을 원활히 하기 위한 여섯 가지 성품인 '용서, 연민, 사랑, 수용, 감사, 존중'은 우리 스스로 온전한 삶을 살고 이 세상을 아름답게 변화시키는 데에 꼭 필요한 것들입니다. 책육아가 훌륭한 이유는 이런 귀한 성품들을 책을 통해서 아이들에게 전달할 수 있기 때문입니다.

하지만 제가 등육아의 필요성을 이야기하는 것은 부모의 말과 행동이 책으로 배운 성품들과 이율배반적인 경우가 많기 때문입니다. 용서하셨나요? 남의 아픔을 보살펴 주었나요? 사랑을 베풀었나요? 다름을 수용했나요? 감사하는 일상을 살고 있나요? 타인을 온전히 존중하나요? 무의식을 통해 발산되는 부모의 말과 행동을 아이들이 배웁니다. 부모의 말과 행동은 책보다 우선합니다. 부모가 책과 다른 행동을한다면 아이들은 오히려 책은 틀린 것을 말한다고 생각할 수도 있습니다. 책에서 배운 공중도덕의 가치가 부모의 쓰레기 투척으로 쉽게 무너질 수 있습니다. 반대로 아이가 책에서 익힌 성품을 부모가 그대로갖고 있다면 아이는 이 성품을 자기 것으로 그대로 받아들입니다. 굳이 책에서 익히지 않았다 하더라도 부모의 성품이 아이에게 전달되는것은 자연스러운 일입니다. 김상욱 교수님의『떨림과 울림』(동아시아)이라는 책이 있습니다. 과학의 탈을 쓴 인문학 책입니다. 교수님은 이책 '패러데이' 장에 이렇게 썼습니다.

> "우주에 빈 공간은 없다. 존재가 있으면 그 주변은 장으로 충만
> 해진다. 존재가 진동하면 주변에는 장의 파동이 만들어지며, 존
> 재의 떨림을 우주 구석구석까지 빛의 속도로 전달한다. 이렇게
> 온 우주는 서로 연결되어 속삭임을 주고받는다."

부모의 진동은 파동을 만들어 아이들에게 전달됩니다. 그리고 아이들은 부모의 떨림에 맞춰 울림을 만들지요. 이것이 공진입니다. 부모에게 공진하는 아이들은 자연스럽습니다. 그것이 우주의 법칙이니까요.
　모두가 아는, '아이 하나를 키우기 위해서는 마을 하나가 필요하다'라는 말이 있습니다. 마을 단위 공동체가 있을 때나 대가족 중심의

사회에서는 마을까지는 아니어도 아이들이 배울 수많은 등이 존재했습니다. 부족한 등을 저 등이 채워 주고 아이들 또한 다양한 어른의 등을 보고 배우는 것이 자연스러웠습니다. 그러나 지금은 소가족 단위이며 가족 외의 공동체가 예전보다 활발하지 않습니다. 그래서 오직 부모의 등을 통한 아이들의 배움이 생활 전방위에서 일어납니다. 성품뿐만 아니라 태도, 말투와 행동, 사고방식까지 모두 다요. 중요한 것은 부모는 이를 의식하지 못한다는 것입니다. 왜냐하면 인간으로서의 부모역시 삶의 대부분이 무의식으로 운영되기 때문입니다. (모든 것을 의식하고 산다는 것은 물리적으로 불가능합니다. 3세 아이와 24시간 놀아 준다고 생각해 보세요.) 따라서 등육아는 무의식의 영역입니다.

무의식의 등육아를 위해

부모는 자녀가 부모보다 더 행복하게 살기를 원합니다. 건강하고 행복하기를 바라는 것이 바로 사랑입니다. 자녀를 사랑한다면 오직 건강과 행복만을 위해서 도와주어야 합니다. 그런데 부모인 우리는 사랑이라는 이름으로 자녀에게 사랑스럽지 못한 행동을 종종 합니다. 목표는 자녀의 성공입니다. 성공의 정의를 무엇을 기준으로 삼느냐에 따라서 다르겠지만, 일반적으로 말하는 성공을 사회적 성공이나 경제적 성공을 가르킨다고 할 때 부모는 실수를 합니다. 자녀의 성공을 부모의 성공으로 생각하고, 한발 더 나아가 자녀의 성공 기준을 부모가 정해주기까지 합니다. 칼리 지브란의 『예언자』(무소의뿔)라는 책에 이런 문구가 나옵니다.

> "아이들에게 육신의 집을 주되 영혼의 집까지 주려 하지 마십시오. 아이들의 영혼은 그대들이 꿈에서도 찾아갈 수 없는 내일의 집에 살기 때문입니다."

이렇게 멋진 문장을 쓰지 않더라도, 부모가 자녀의 성공 기준을 제시하고 그에 맞게 재단해 가는 것은 어쩌면 날 수 있는 새에게 달릴 때 거추장스러우니 날개를 떼어버리는 것과 같습니다.

성탄절 예배 때 제가 다니는 교회에서 있었던 일입니다. 이 예배는 가족들이 모두 함께 모여 드리는 예배라 부모님들과 자녀들이 한자리에 앉아 있었지요. 목사님이 아이들의 눈높이에 맞추어 설교를 하시다가 부모님들에게 당부하는 말씀으로 '황새와 뱁새' 이야기를 하셨어요. 그리고 목사님이 아이들에게 이렇게 질문했습니다. "어린이 여러분, 황새랑 뱁새가 같이 가려면 어떻게 해야 되지요?" 목사님이 의도한 정답은 '황새가 뱁새의 보조를 맞춘다'였습니다. 부모가 아이들을 기다려 주라는 의미로요. 그런데 정작 아이들이 이구동성으로 말한 대답은 "뱁새가 날아가면 돼요"였습니다. 목사님은 당황하셨고 아이들의 답이 맞다 하시면서 설교를 마무리하셨습니다. 본디 아이들은 어른들이 가둘 수 있는 영혼이 아닙니다. 하지만 부모는 '다 너를 위해서야'라는 명분으로 부모조차도 인지하지 못하는 폭력을 휘두릅니다. 아이들을 부모의 입맛에 맞게 바꾸려고 하면 아이들이 배우는 것은 부모가 말하는 내용이 아니라 부모의 권위적인 모습뿐입니다. 아이들을 대할 때 뜬금없지만 저는 이순신 장군님의 명언을 떠올립니다. '生卽必死 死卽必生(살고자 하면 죽을 것이요, 죽고자 하면 살 것이다.)' 이 말을 저는 이렇게 해석합니다. '바꾸려고 하면 안 바뀔 것이요, 바꾸지 않으려고 하면 바뀔 것이다.' 결국 아이를 올바르게 양육하는 것은 부모의 (무의식에서 비롯된) 말과 행동입니다. 앞서 등육아로 정리한 내용입니다. '사람 고쳐 쓰는 거 아니라던데~, 이번 인생에 난 틀린 것 같은데~.' 과연 아이들이 나의 좋은 점만 닮기를 바라는 것 외에 다른 할 수 있는 것들이 있을까요? 네, 우리에겐 희망이 있습니다. 앞에서 심리학자 아들러 얘기를 잠깐 했습니다. 성격은 선택하는 것이라고. 선택할 수 있다는 것은 곧 바꿀 수도 있다는 말이 됩니다. 선택을 바꾸면 되니까요. (나비 효과를 잊지 마세요.) 하지만 당연히도 '바꾸자'라는 마음만으로 바뀌지 않습니다. 수없이 했던 다이어트 결심, 영어공부의 결심이 얼마나 허무하게 무너지는지 몸소 체험한 적이 있으니까요. 우리의 의지(의식)는 연약합니다. 대신 우리의 무의식은 강력합니다. 무의식은 강력하기도 하지만 우리 삶 전반을 관장합니다. 그래서 우리는 이것을 이용해야 합니다.

자녀의 온전한 독립을 위한 세 가지 요소(주체성, 학습 능력, 긍정적 태도)를 앞에서 말씀드렸습니다. 이 세 가지를 아이들에게 심어 주기 위한 첫 걸음은 무엇일까요? 등육아 이야기를 그대로 따르면, 부모가 먼저 이 세 가지 요소를 갖추는 것입니다. "나는 그렇게 못 살았으니 너라도 그렇게 살지 말아라"라는 말보다 "엄마처럼 아빠처럼 살아라"라고 하는 것이 아이에게 훨씬 강력한 동기부여가 됩니다. '엄마 아빠도 못했는데 내가 할 수 있을까?'라는 마음보다 '엄마 아빠도 했으니 나도 할 수 있어'가 훨씬 쉽습니다. 잠깐씩의 연기를 통해 좋은 부모 코스프레는 할 수 있을지언정 진정한 의미의 육아에는 무리가 있습니다. 그러므로 무의식의 등육아를 위해서 필요한 것은 부모 자체의 변화입니다. 부모가 진짜로 바뀌는 것이지요.

부모의 변화는 자녀를 위한 것이지만 이 변화에는 의도치 않은 결과를 초래합니다. 변화된 부모의 진동은 자녀뿐만 아니라 부모의 주변인에게도 그대로 전달됩니다. 배우자, 부모님, 직장동료, 친구, 다른 관계된 지인들. 이들에게까지 변화된 생각과 말, 행동이 자녀에게처럼 그대로 적용됩니다. 무의식은 사람을 가리지 않으니까요. 그래서 자녀뿐만 아니라 나머지 사람들과의 관계도 덩달아 좋아집니다. 범사에 감사하고, 항상 기뻐하고, 다른 사람의 말에 귀를 기울이고, 공감과 위로, 격려의 말을 건네며, 상대방의 필요를 찾아 충족시켜 주는 사람을 좋아하지 않을 사람이 어디 있겠습니까. 이러한 현상이 덤으로 따라온다면 충분히 남는 장사입니다.

무의식을 변화시키는 방법에는 여러 가지가 있습니다. 사실 자기계발서 모두 무의식을 바꾸려는 방법으로 봐도 무방합니다. 제가 제안드리는 것은 독서, 그 자체입니다. 독서라고 쓰지만 '공부'라고 읽으셔야 합니다. 이제부터 이 독서에 관한 이야기를 해 보겠습니다.

부모의 등을 보고 자라는 아이들

1 좋은 부모가 된다는 것은 스스로 완벽한 부모가 아님을 인정하는 것에서 시작됩니다. 인정 후에 해야 할 것이 '공부'입니다.

2 자녀는 부모의 거울입니다.

3 무의식은 우리의 삶을 지배합니다. 따라서 우리는 우리의 무의식과 친해져야 합니다.

4 부모의 무의식 → 부모의 태도 → 부모의 말과 행동 습관 → (아이들이 배움) → 아이들의 말과 행동 → (경험 축적) → 아이들의 무의식 → 아이들의 태도 → 아이들의 말과 행동 습관

5 육아에서 얼굴을 마주 보고 하는 육아보다 등을 보이며 하는 (무의식이 작용하는) 등육아의 범위가 넓습니다.

6 무의식을 변화시키기 위해 독서를 해야 합니다.

Ⅱ

독서를 대하는
태도와 방법

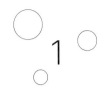

무의식과 공부

알고 있다는 착각

우리는 좋은 부모가 되고 싶습니다. 아이들은 고맙게도 지금 우리의 모습 그대로를 인정해 주고 받아 줍니다. 그러나 정작 우리 부모는 더 좋은 부모가 아닌 것이 안타깝습니다. 저는 좋은 부모는 좋은 어른에서 나오고, 좋은 어른은 좋은 사람으로부터 시작된다고 생각합니다. 그러니 좋은 부모가 되기 전에 우선 좋은 사람이 되기 위해 노력합니다. 예를 들어 노동법을 무시하고 직원들을 마구 부리는 사장이 자신의 아이들에게 잘해 준다고 해서 좋은 부모일지에 대해서는 의문을 가집니다. 이 부모의 무의식에는 사람을 차별하는 마음이 있을 테고, 그러한 마음에서 나오는 말과 행동이 부지불식간에 아이에게 옮겨 갈 것이라고 믿기 때문입니다. 기업 CEO의 철학이나 집안의 가훈을 중요하게 생각해야 하는 이유입니다.

좋은 부모가 되기 위해서 우리가 완벽한 부모가 아니라는 인정이 필요하다고 말씀드렸습니다. 불완전함의 인정은 무의식을 자극합니다. '너의 함수상자가 불완전해 보이니 이제부터 의식이 조금 관여할게'라고 신호를 주는 것입니다. 본디 무의식과 의식은 서로를 보완하고 상호작용합니다. 무의식의 오류를 의식이 바로잡아 주는 것입니다. 의식이 관여하기 위해서 필요한 것은 올바른 정보입니다. 무의식을 패치(프로그램의 일부를 빠르게 고치는 것)할 파일이 있어야 합니다. 불완전함의 인정 후에 공부가 필요하다고 말씀드린 이유가 이것입니다. 모른다는 것을 알고 나서야 필요한 지식을 구할 수 있습니다. 모르고 있는 것조차 모르는 것이 가장 위험합니다.

안다는 것에 대해 오해를 많이 합니다. 안다는 것은 행동한다는 것과 같습니다. 알고도 행동하지 않는 것은 사실 모르는 것과 같습니다. 예를 들어 볼게요. 오늘도 친구를 만나기 위해 카페로 걸어가고 있습니다. 또 연예인 같은 사람이 있는지 의식을 곤두세우고 있는데, 연예인 같은 사람은 없지만 연예인 몸매의 사진이 붙은 다이어트 광고지가 눈에 들어오네요. '뼈만 빼고 다 빼 드립니다!' 그리고 곧 이렇게 생각하지요. '다음 여름에 수영복이라도 입으려면 살 좀 빼야 하는데… 그래, 여름 직전에 너무 급하게 빼면 힘드니까 지금부터 천천히 빼 보자. 일단 야식 끊고, 무엇보다 당 섭취를 줄여야겠어! 참, 지난 건강검진 때 의사 선생님도 당 수치가 좋지 않다고 주의하라고 하셨어!' 코너를 돌아 카페에 도착해 먼저 기다리던 친구와 음료를 주문합니다. "늦어서 미안! 빨리 주문하자. 오늘은 내가 살게. 난 제주 유기농 말차로 만든 크림 프라프치노, 휘핑크림 듬뿍!" 메뉴로 미루어 보아 이 사람은 현재 자신의 상태를 모르는 것이 확실합니다. 행동하지 않는 것은 모르는 것입니다.

다른 극단적인 예도 있습니다. 건강검진에서 불행히도 암이 발견되고 시한부 판정을 받았다고 가정해 봅시다. 자신이 언제 죽는지 알게 되었을 때, 역설적으로 무엇을 하고 싶은지 명확히 알게 됩니다. 꼭 가 보고 싶은 곳에 가 보거나, 꼭 만나고 싶은 사람을 만나거나, 혹은 가족과 평화롭게 시간을 보내고 싶어 하는 것처럼요. 하지만 우리가 어제와 똑같은 오늘을 사는 이유는 우리가 죽음을 모르기 때문입니다. 사람은 결국 죽는다는 것은 알지만, 그 사람 중에 내가 포함된다는 것을 알지 못합니다. 죽음이 내 것이 아닌 양, 전혀 알지 못하듯 행동합니다. 며칠, 몇 년, 몇 십년 후에도, 어쩌면 계속 살아갈 것처럼요. '메멘토 모리(memento mori, 자신의 죽음을 기억하라)', 이 문장이 귀한 이유는 죽음을 앎의 영역으로 끊임없이 가져다주기 때문입니다. 그래서 행동하게 만듭니다.

우리는 모르고 있으면서 안다고 착각합니다. 소크라테스의 명언으로 유명한 '너 자신을 알라'라는 말은 사람마다 다른 의미로 해석할 수 있겠습니다만, 저는 '자신이 아는 것과 모르는 것을 구분하는 것이 중요하다'라고 이해하고 있습니다. 더불어 우리 무의식의 영역을 제대로 이해해야 한다는 의미로도요. 나 자신을 올바르게 알기 위해서 무의식을 알고 무의식과 소통할 수 있는 장치를 마련해야 합니다. 어제와 같은 오늘을 사는 것은 어제의 내가 갖고 있는 문제를 모르고 있다는 뜻입니다. 문제를 알면 행동해야 합니다.

모른다는 것을 알기 위해서 공부해야 합니다. 모르는 것을 해결하기 위해서도 공부해야 합니다. 모르지만 안다고 고집 피우는 사람을 고집불통이라고 부릅니다. 고집불통은 무의식과 소통할 수 없습니다. 그래서 무의식이 하던 대로 하니 더 고집불통이 됩니다. 상당한 충격 요법이 없는 이상 바뀌지 않습니다.

공부의 궁극적인 목적

우리가 공부해야 하는 이유는 명확합니다. '나를 더 잘 알기 위해서'입니다. 지식을 쌓고 문제를 해결하는 것도 중요한 이유입니다. 그러나 내가 누구인지 아는 것이 우선입니다. 지금 부모 세대에게 '나는 누구인가'라는 물음은 조금 어색할 수 있습니다. 관계 중심의 공동체 사회에서 성장한 것도 이유이지만, 산업화 시대에 경주하듯이 살아오신 우리의 부모님에게 이런 질문을 받아 본 적이 없기 때문입니다. 가난을 벗어나는 것이 제일의 목표였을 때니까요. 조금 먹고살 만해졌다고 상황이 좋아진 것은 아닙니다. 신자유주의가 세계 자본주의에 지속적으로 영향을 주면서 무한 경쟁사회가 되었습니다. 나 자신보다는 남과 비교한 나에 집중하기 시작합니다. 그래서 삶의 기준이 내가 아니라 남이 되어 버렸습니다. 남들 직장, 남들 차, 남들 집, 남들 맛집. SNS에서는 누가누가 더 행복해 보이나를 경쟁합니다. 행복조차 상품으로 전락해 버립니다. 이런 사회에서 온전한 나를 찾는다는 것은 조금 미련해 보입니다. 그럴 시간이 어디 있나요. 우물쭈물하다가는 남들에게 추월당하게 생겼는걸요.

하지만 이럴 때일수록 더 나에 대해서 알아야 합니다. 행복의 필요조건이 스스로를 인정하기라고 말씀드렸습니다. 스스로를 인정하기 위해서는 내가 누구인지 아는 것이 중요합니다. 그래야 인정하기의 기준이 생기니까요. 또한 폴리매스가 되는 것은 나를 찾는 것과 같다고 말씀드렸습니다. 나를 알지 못하고는 진짜 경쟁력, 즉 남들과 다른 나만의 무기를 만들 수 없습니다. 변화하는 사회를 따라다니면 그냥 따라다니기만 하다가 끝납니다. 내가 원하는 진짜 성공은 움직이지 않는 나와 변화되는 사회가 만났을 때 일어납니다. 지금 사회는 더 빨리 더 자주 바뀌니, 나만 움직이지 않으면 사회와 만날 가능성이 높습니다.

그런데 '나는 누구인가'라는 질문은 과연 무엇일까요? 저는 이 질문의 답보다 이 질문 자체가 중요하다고 생각합니다. 이 질문에는 백만 가지의 답이 가능합니다. 예를 들어 남편, 아들, CEO, 아빠와 같은 기본적인 페르소나부터 일식보다는 중식을 좋아하고 싱크대에 설거지

스스로를 인정하기 위해서는 내가 누구인지 아는 것이 중요합니다.

가 쌓이는 것을 싫어하는 등의 기호, 일곱 시간은 자야 체력을 유지할 수 있고, 머리숱 얘기에 발끈 감정이 생긴다는 몸과 마음의 변화 인지도 나를 아는 것에 포함됩니다. 이런 식으로 나는 누구인가라는 질문은 나를 하나씩 알아가는 것에 의미가 있습니다.

나에 대해 공부를 하다 보면 문득 나의 감정에 대해 '알아차리는' 순간을 접하게 됩니다. 무의식의 반응을 의식이 순간적으로 잡아내는 것이지요. '아, 내 의도가 이런 것이었구나' '내가 서운한 부분이 이거였구나' '내가 진짜 원하는 것이 저것이었네?'와 같이 아주 기분 좋은 깨달음입니다. 저는 이것이 무의식과 내가 친해져서 부지불식간에 소통하는 상태라고 생각합니다. 그리고 이 '알아차림'의 빈도가 늘어날수록 우리는 더 잘 감정을 통제하고 이성을 사용하여 더 어른스러워질 수 있습니다. 책임을 다하는 어른 말입니다. 공부를 통해 의식적으로 무의식에 영향을 줌으로써 결과적으로 내가 더 나은 어른, 나아가 더 나은 부모로 성장하는데 도움을 줍니다. 공부의 궁극적인 목적은 무의식을 긍정적으로 변화시켜 긍정적인 태도를 취하게 하고, 이 긍정적인 태도가 긍정적 습관을 만드는 데에 있습니다.

불안을 통제하는 방법

잠깐 뇌과학 이야기를 해 보겠습니다. 우리 뇌는 부위별로 담당하는 기능이 다릅니다. 물론 특정 영역이 단일한 기능만을 칼로 자르듯 수행하는 것은 아닙니다. 하지만 설명의 편의를 위해 단순화하겠습니다. 제가 이야기할 것은 편도체와 전전두엽피질입니다.

편도체는 파충류의 뇌라고 알려져 있는 변연계의 일부로, 우리 뇌의 가장 안쪽에 있습니다. 감정을 조절하는 역할을 하는데, 특히 공포와 불안을 처리합니다. 위험 신호를 포착하면 편도체가 활성화되면서 코르티솔이나 아드레날린과 같은 스트레스 호르몬이 분비됩니다. 심장 박동을 빠르게 만들고 근육을 있는 대로 긴장시키지요. 선사 시대에 맹수를 만났을 때 인간이 할 수 있었던 일은 싸우거나 도망가거나 둘 중 하나였을 테니, 이는 아주 적절한 반응입니다. 이는 현대의 우리에게도 그대로 적용됩니다. 비록 맹수는 없지만 스트레스 상황이 발생하면 맹수를 만났을 때와 똑같이 편도체가 활성화됩니다.

전전두엽피질은 인간의 뇌라고 알려져 있는 대뇌피질 중 이마 부분에 위치해 있습니다. 논리, 분석, 추론 등의 이성적 활동이 이 영역을 중심으로 일어납니다. 이 부분은 태어나서 20세 정도까지 꾸준히 발달합니다. 아이들이 어른들 보기에 말도 안 되는 행동을 하는 것은 아직 전전두엽피질이 제대로 성장하지 않았기 때문입니다. (한마디로 아직 인간이 덜 된 것이니 이성적인 어른이 참아야 합니다.)

중요한 것은 편도체와 전전두엽피질의 활성이 반비례 관계에 있다는 것입니다. 편도체가 활성화되면 전전두엽피질이 비활성화되어서 이성적인 판단이 불가능해집니다. 시험지를 받고 머릿속이 까매진다거나 잘잘못을 따지는 상대방에게 그 자리에서 멋진 한방을 못 날리는 이유는 긴장 상태로 활성화된 편도체가 이성적 사고를 할 수 있는 전전두엽피질의 스위치를 off 상태로 만들기 때문입니다.

　더 재미있는 사실이 있습니다. 편도체를 다시 안정화시키기 위해서 생각을 바꾸거나 의지를 발휘하는 것은 전혀 효과가 없습니다. 진짜 편도체 안정화에 도움이 되는 것은 몸의 변화입니다. 긴장한 몸을 바꾸면 거꾸로 편도체를 순하게 만들 수 있습니다. 그래서 긴장 상태에서 막혀 있는 이성을 겨우겨우 쥐어 짜내어 할 수 있는 최고의 행동은 심호흡입니다. 연구에 따르면, 우리의 감정은 뇌가 아니라 몸의 반응으로 결정됩니다. 반응 속도가 너무 빨라서 우리는 우선순위를 알아챌 수 없지만 많은 과학자의 연구 논문이 이를 증명합니다. 심호흡을 통해 호흡을 안정시키면 편도체가 안정됩니다. 편도체가 안정되면 그제서야 전전두엽피질이 활성화되어 생각이라는 것을 할 수 있습니다.

　뇌 이야기를 이렇게 길게 쓴 이유는 편도체와 불안감의 관계를 설명하기 위함입니다. 현대 사회에서 편도체를 활성화시키는 가장 큰 요인은 '불안'입니다. 학생들은 만성적인 시험 불안에 시달리고 어른들은 직장 내 인간관계나 업무 스트레스가 이만저만이 아닙니다. 게다가 다른 사람들은 모두 잘 사는 것 같은데 나만 이 모양 이 꼴인 것 같습니다. 옆집 자녀들은 공부도 알아서 잘하고 상장도 받아오는데 우리 집 녀석은 커서 뭐가 되려는지, 불안한 마음으로 가득합니다. 불안한 마음이 들면 편도체가 활성화됩니다. 편도체가 활성화되어서 전전두엽피질의 기능을 마비시킵니다. 이는 곧 이성적 사고를 하지 못하고 격한 감정의 소용돌이에 휩싸이게 됨을 의미합니다. 어른이 된다는 것은 이성적 사고와 판단을 한다는 것입니다. 따라서 전전두엽피질이 마비

된 어른은 책임을 다하지 못합니다. 어른이 안 된 부모는 원시 사회로 돌아갑니다. 활성화된 편도체 덕택에 아이들을 맹수로 설정하고 싸워 이기려 합니다. 아이들은 부모보다 힘이 약하니 맹수를 만났을 때와 달리 부모가 도망칠 필요가 없으니까요. 싸워서 이기지만 시간이 지나고 남는 것은 부모의 말과 행동에 상처받은 아이, 그리고 부모의 자책뿐입니다.

이런 메커니즘을 알고 있으면 자신을 돌아볼 수 있습니다. 원인과 결과를 알면 내가 통제할 수 있는 범위가 넓어집니다. 특히 뇌과학 분야는 나를 알아가는 수수께끼를 풀 때 많은 단서를 제공해 줍니다. 또 부모로서 해야 하는 일들을 보다 원활히 수행하는 데에도 도움을 줍니다. 편도체의 활성화는 무의식적으로 진행되지만 이에 대한 정보를 알게 되었으므로 이제는 여러분도 어느 정도 의식적으로 이 메커니즘에 관여할 수 있습니다.

제 아내와 아이들에 대해서 대화를 나누다 재미있는 결론에 이르렀습니다. 아이들의 학업 성적을 올리기 위해서 우리가 해야 할 일은 아이를 학원에 보내는 것이 아니라 아이와 좋은 관계를 만드는 것이라고요. 아이 스스로 학원을 선택해 열심히 다닌다면 금상첨화겠지만, 보통의 아이들은 학원에 보내는 단계부터 학원 숙제, 놀러 다니는 것 같은 아이의 태도 등의 문제로 부모와 갈등을 겪습니다. 이런 갈등이 부모와 아이 모두에게 불안을 일으키고 위에서 설명한 악순환을 만듭니다. 아이들에게는 공부할 때 사용할 이성 영역이 비활성화되어 버리니 당연히 학업 성취도 떨어지게 됩니다. 부모와 아이가 좋은 관계에 있다고 해서 모든 아이가 좋은 성적을 거두는 것은 아닙니다. 하지만 좋은 성적을 거두는 아이들은 대부분 부모와의 관계가 좋습니다. 분명한 선후 관계가 있습니다.

무의식에 관여하는 가장 좋은 방법

우리의 자아는 한 가지로만 구성되어 있지 않습니다. 학자마다 의견이 다릅니다만, 김주환 교수님의 정리에 따르면 자아는 세 가지로 나눌 수 있습니다. 첫째는 '경험 자아'입니다. 경험 자아는 우리의 일상에서 벌어지는 모든 일을 받아들이는 자아입니다. 지금 이 글을 읽고 있는 행위의 주인공은 여러분의 경험 자아입니다. 둘째는 '기억 자아'입니다. 기억 자아는 여러분의 경험을 스토리로 만들어서 기억하는 역할을 합니다. 우리는 모든 경험을 기억하지 못합니다. 친구를 만나러 가는 길에서 여러분이 보았던 간판들과 사람들 얼굴, 건널목 신호를 얼마나 오래 기다렸는지, 카페 문을 열 때 사용한 손의 방향, 내가 커피를 몇 모금 마셨는지 등은 잘 기억하지 않습니다. 다만 친구를 만나러 오는 길에 연예인 같은 외모를 가진 사람을 만났다거나 가는 길에 만원을 주웠다거나 하는 내 이야기에 친구의 반응이 너무 시큰둥했다는 식으로, 스토리로 엮어서 기억합니다. 한마디로 서사가 있어야 합니다. 그래서 우리의 경험은 스토리 단위로 저장됩니다. 외부 자극에 단편적인 팩트보다는 스토리가 되었을 때 우리가 더 잘 반응하고 기억하는 것은 이 때문입니다. 우리는 이야기 덩어리입니다. 셋째는 '배경 자아'입니다. 흔히 알고 있는 메타인지가 배경 자아입니다. 나 자신을 인식하는 자아입니다. 영화 〈아바타: 물의 길〉에서 쿼리치 대령은 자신의 죽음 이후에 저장되어 있는 기억을 아바타로 이식해 되살아납니다. 비록 아바타의 형상을 하고 있지만 쿼리치 대령이 이전 그대로의 쿼리치 대령일 수 있는 것은 그의 자아가 온전히 옮겨졌기 때문입니다. 그래서 마지막 전투씬에서 아들 스파이더를 향한 부성애 때문에 위기를 맞지요. 스파이더 역시 아바타 쿼리치 대령을 아버지로 느끼고요.

나를 아는 것은 이 세 가지 자아의 복합적인 결과물입니다. 나를 인식한다는 것은 내가 지금 보는 것, 내가 기억하는 것, 이 활동들을 바라보는 것까지 모두를 아우릅니다. 이 중에서 배경 자아는 알아차림의 주체입니다. 나의 내적, 외적 사건을 인식하는 것이지요. 나의 욕구나 감정을 지각한 다음 그것을 전경으로 떠올리는 행위입니다. 지금 배경 자아를 유체이탈 느낌으로 사용해 보세요. 이 글을 읽고 있는 나를 나의 외부에서 인식하셨다면 성공입니다. 알아차림의 기술을 자주 활용하면 삶이 더욱 윤택해집니다. 효용이 대단히 큽니다.

제가 생각하는 알아차림의 가장 큰 효용은 편도체 활성화를 억제할 수 있다는 것입니다. 앞서 편도체가 활성화되면 전전두엽피질이 마비되어 이성적 활동을 할 수 없다고 설명드렸습니다. 아이가 약속을 지키지 않아 화가 나는 상황이라고 해 봅시다. 속에서 화가 치밀어 오릅니다. 보통의 경우라면 그냥 아이에게 화를 내고 야단을 칠 것입니

다. 편도체가 열심히 일하게 놔 둔 덕분에 시야는 좁아지고 심장박동
은 빨라지고, 예전에 잘못했던 것까지 모두 끄집어내서 심한 말을 쏟
아 냅니다. 주눅이 든 아이는 울거나 방으로 들어갑니다. 부모는 계속
해서 화가 풀리지 않고, 이 상황은 부정적인 감정만을 남깁니다. 하지
만 이 중간에 알아차림을 끼워 넣으면 상황은 달라집니다. 화가 날 때
'나에게서 화가 올라오는군'이라고 알아차리면 편도체가 급격히 활성
화되는 것을 막고 이성을 사용할 여유가 생깁니다. 왜 약속을 지키지
않았는지 이유를 묻고 대답에 따라 적절한 이성적 훈육을 할 수 있게
됩니다. 당연히 말투부터 달라집니다. "그런 이유가 있었구나. 그래도
약속은 지켜야 해. 만약 지키지 못할 것 같으면 미리 말해야 하고. 다음
엔 그렇게 할 수 있지?" 혼냄으로 인해 부모도 아이도 마음 상할 수 있
는 시간을 오히려 둘 사이에 신뢰를 쌓는 시간으로 바꾸는 것입니다.
피터 브레그먼의『4초』(타임비즈)에서는 알아차림을 4초의 멈춤으로
설명합니다. 외부 자극과 나의 반응 사이에 4초의 공간을 두는 것입니
다. 이 한 번 숨 쉬는 정도의 짧은 멈춤은 잘 안 풀릴 수 있는 무언가를
포착해서 바꿀 수 있게 만듭니다. 포착하는 것이 곧 알아차림입니다.
이것은 기적과 같은 시간이지요.

　　이렇듯 알아차림은 나를 보는 것입니다. 아바타 얘기를 잠깐 더 해
볼까요? 〈아바타〉에서 가장 인상 깊은 대사는 단연 'I see you(나는 당
신을 봅니다)'입니다. 판도라 행성의 나비족 원주민은 서로에게 인사
를 할 때 '안녕하세요'라는 말 대신에 'I see you'라고 말합니다. 이 문장
은 인사할 때뿐만 아니라 사랑을 고백할 때도 사용하지요. '나는 당신

을 봅니다. 나는 당신을 알아차립니다. 나는 당신을 인지합니다. 나는 당신과 다르지 않습니다. 나는 곧 당신입니다.' 조금 더 나아가면 '당신을 통해 나를 봅니다'라는 의미로 확장시킬 수 있습니다. 영화에 나오는 '나는 당신을 봅니다'라는 말을 곧 '나를 본다'라는 말로 생각할 수 있는 것은 〈아바타〉의 세계관이 에이와라는 판도라의 초월적 의식에 의해 통합되기 때문입니다. 하지만 이 생각의 흐름은 '나는 누구인가'를 묻는 우리의 질문에도 유용합니다. 나는 곧 나를 둘러싼 모든 것이기 때문입니다.

II - 1 요약	**무의식과 공부**

1 알면 행동하게 되어 있습니다. 행동하지 않는 것은 모른다는 것입니다.

---

2 공부를 하는 것은 긍정의 무의식을 만들기 위함입니다.

---

3 편도체는 무의식적으로 활성화되지만 이제 의식적으로 관여할 수 있습니다.

---

4 무의식에 관여하는 가장 좋은 방법은 '알아차림'입니다.

변화의 도구

온전한 나를 발견하는 방법

이제 배경 자아의 존재를 알아챘으니, 우리는 나에 대해 더 잘 알아갈 수 있습니다. 나를 알아가는 방법은 매우 다양합니다. 가장 좋은 방법은 직접 경험입니다. 똥인지 된장인지 먹어 보는 것입니다. 이보다 확실한 방법은 없습니다. 여행을 떠나 새로운 사람을 만나고, 맛있는 음식을 먹고 재미있는 액티비티를 경험한 후 집에 돌아오면 '역시 집이 최고지!'를 경험해 보는 것입니다. 그럼에도 집에 돌아오자마자 새로운 여행을 계획하는 것은 새로운 만남을 통해 나를 알아가려는 무의식의 시도입니다. 매일 같은 자극으로는 내가 모르는 나를 만날 수 없기 때문입니다.

나는 누구인가라는 질문은 모든 철학자가 던지는 가장 근본적인 질문입니다. 이 질문의 답을 찾기 위해서 우리가 해야 할 것은 온전한 나를 발견할 때까지 새로움에 나를 노출시키는 것입니다. 새로움은 나의 무의식을 자극합니다. 익숙하면 함수상자에 넣고 돌릴 텐데 새로움은 그냥 넣어버리기엔 리스크가 있어 보입니다. '어? 못 보던 건데? 의식아, 이거 뭔지 좀 알아 봐.' 비로소 의식은 자기에게 넘어온 정보를 바탕으로 이성을 사용하여 생각하기 시작합니다. 의식은 계획하고 통제하고 추론의 과정을 거처 의사결정을 합니다. '응, 별거 아니네. 무의식아, 여기 리포트 받아.' 무의식은 의식에게 받은 리포트로 패치 파일을 만들어 함수상자를 업데이트합니다. 그리고 이렇게 말할 것입니다. 'OK~ 내가 더 나다워진 것 같아! 하지만 난 내가 더 궁금해. 우리가 아닌 새로운 세계를 더 만나 보자.'

'인간은 여행자다'라는 말이 있습니다. 이 지구에 잠시 왔다 가는 존재이니 집착을 버리자는 뜻도 있지만, 저는 여행을 통해 새로운 세계를 만나면서 나를 찾아가는 여행자로서의 모습에 더 공감합니다. 나를 알기 위해 우리는 새로운 세계를 만나야 합니다. 나를 안다는 것은 지금의 나를 인식하는 것을 넘어 나를 완성시켜 간다는 진행형의 뜻을 포함해야 온전해집니다. 그런데 현대 사회는 우리가 여행하는 것을 방해합니다. 주체적인 여행자로 사는 것을 싫어합니다. 단지 수동적인 노예로 남아 있도록 유혹합니다. 귀찮게 어딜 가냐고, 원래 하던 대로 하라고, 이불 밖은 위험하다고 합니다. 그러면 적어도 중간은 한다고 달콤한 사탕을 건넵니다. '가만히 있으라', 우리가 가장 경계해야 할 말입니다.

우리는 계속해서 새로운 세계를 만나야 합니다. 하지만 인간은 시간과 공간의 제약을 받습니다. 죽은 사람을 만날 수도 없고 살아 있다고 해도 모두를 만날 수는 없습니다. 우주나 극지방, 오지 등은 일부 사람들에게만 허용되는 곳이라 경험하기 쉽지 않습니다. 그래서 우리에게 필요한 것은 간접 경험입니다. 우리의 뇌는 경험에 관해 굉장히 관대해서 간접 경험과 직접 경험을 굳이 나누지 않습니다. 경험은 경험일 뿐 차별하지 않는 친절한 뇌입니다. 간접 경험으로 만난 일들도 마치 직접 경험한 것처럼 기억합니다. 얼마나 다행인지요.

간접 경험의 끝판왕은 단연 책입니다. 책을 읽는 것은 작가를 만나는 일입니다. 작가가 알려 주는 세계를 여행하는 일입니다. 그 세계는 지식일 때도 있고, 감정의 총체일 수도 있고, 누군가의 서사일 때도 있습니다. 이 세계를 만나면서 우리는 기쁘고, 슬프고, 감탄하고, 공감합니다. 직접 경험하려면 한 평생이 걸릴 일들을 책 한 권을 통해 온전히 경험할 수 있습니다. 이 경험들이 나를 자극합니다. 너는 누구냐고 묻습니다. 그 물음에 답을 하려고 나를 돌아봅니다. 바로 찾을 수 있는 답도 있지만 어떤 답들은 지리멸렬한 시간을 보낸 후에야 나타나기도 합니다. 백만 가지의 나를 찾기 위해 백만 개의 질문이 필요합니다. 하지

책을 읽는 것은 작가를 만나는 일입니다.
작가가 알려 주는 세계를 여행하는 일입니다.

만 아주 가끔 단 하나의 질문으로 나를 찾아내기도 합니다. 그래서 어떤 사람은 단 한 권의 책으로 삶이 송두리째 변화되는 경험을 합니다.

나의 세계를 움직이는 것

'나는 누구인가'라는 질문의 답을 찾기 위해 알고 있으면 좋을 만한 개념이 있습니다. 세계를 보는 시각에는 두 가지가 있습니다. 일원론과 이원론입니다. 이 중에서 우리에게 익숙한 것은 이원론입니다. 플라톤의 사상은 현실과 이데아를 분리함으로서 이원론 사상의 뿌리가 되었습니다. 이데아와 현실, 천국과 지옥, 선과 악, 빛과 어둠, 영혼과 육체, 이성과 감성, 서양과 동양, 문명과 야만, 백인과 유색인, 부자와 빈자, 남성과 여성 등, 서양철학과 기독교에 영향을 많이 받은 우리는 이런 분리가 익숙합니다. 이원론은 나와 세계를 분리합니다. 그래서 나와 세계는 별개의 객체입니다. 반면 일원론에서는 나와 세계를 분리하지 않습니다. 나와 세계(우주)는 하나에서 비롯되었다고 설명합니다. 그래서 나와 세계는 별개의 객체가 아닙니다. 내가 곧 세계이고 우주입니다. 우리에겐 익숙치 않은 인도 우파니샤드의 범아일여(梵我一如) 사상이 대표적인 일원론이지만 노자의 도(道)와 덕(德), 불교의 일체유심조(一切唯心造), 칸트의 관념론 등도 일원론으로 볼 수 있습니다.

당연하지만 이 두 철학 중 어떤 것이 맞고 어떤 것이 틀리다고 판단할 수 없습니다. 다만 '나는 누구인가'의 답을 찾기 위해 이원론보다는 일원론을 이용하는 것이 훨씬 수월하고 적합하다고 생각합니다. 우리는 계속해서 '나'라는 개념을 자아와 무의식의 차원에서 알아보고 있고, 궁극적으로는 나의 변화를 통해 나의 세계, 더 확장해서는 나의 자녀에게 영향을 줄 수 있다고 생각하고 있습니다. 그런데 만약 나와 세계가 분리되어 내가 세계를 통제할 수 없다면, 나의 변화가 더 이상 의미가 없습니다. 하지만 우리는 경험상으로도 나의 변화가 나의 세계를 움직인다는 것을 이미 알고 있습니다. 나와 세계는 생각보다 강하게 연결되어 있음을 느끼고 있지요. 간절히 바라면 이루어진다거나 우주의 기운이 우리를 돕는다거나 하는 믿음도 사실 일원론의 한 부류라고 할 수 있습니다. 나와 세계가 하나라는 일원론을 이용하여 '나는 누구인가'의 답을 찾게 된다면, 우리는 나의 세계를 움직일 수 있는 답을 찾게 되는 것입니다.

일원론을 이용하면 나의 확장이 자연스럽습니다. 나를 찾는 과정에서 자연스럽게 우리는 또 다른 나를 찾게 됩니다. 또 다른 나, 세계에 있는 타인은 곧 또 다른 나입니다. 이 또 다른 나와 연결하여 나의 본질을 알아가는 것을 우리는 연대라고 부릅니다. '나'들로 이루어진 공동체에 나를 녹임으로써 역설적이게 나의 존재를 더 확실하게 확인할 수 있습니다. 연대하는 방법은 여러 가지가 있습니다. 물리적인 단체를 만들어 뜻을 같이하는 행동을 할 수도 있고, 물질적 후원을 하는 것도 있습니다. 물질뿐만 아니라 정신적 연대도 가능합니다. 이 연대를 가능하게 하는 중요한 매개가 책입니다. 독서를 하는 것은 작가의 세계를 만나는 것이고, 우리는 작가의 주장을 수용함으로써 정신적 연대를 맺게 됩니다. 이 정신적 연대는 공감대를 형성하고, 공감대가 확장되면 여론이 됩니다. 여론이 장기화되면 이것이 문화가 됩니다. 문화는 다시 개인의 무의식에 반영되고 무의식은 우리의 삶을 운영합니다.

변화는 미래를 위한 것입니다

독서의 목적은 여러 가지입니다. 지식을 얻기 위해서, 재미를 찾기 위해서 혹은 위로받기 위해서도 책을 읽습니다. 모두 좋습니다. 이 모든 독서가 '나는 누구인가'의 답을 찾아가는 과정입니다. 『강원국의 글쓰기』(강원국/메디치미디어)에서 강원국 선생님은 독서의 목적을 다음과 같이 말합니다.

> "요즘 같은 세상에 뭐하러 시간 내고 돈 들여서 남의 것을 내 머릿속에 넣고 다니나. 독서하는 이유는 자기 생각을 만들기 위해서다. 남의 생각을 빌려 자기 생각을 만드는 게 독서다."

자기 생각을 만드는 것이 곧 나를 찾는 것입니다.
　책은 구하는 자에게 무한의 보물창고입니다. 책의 잠재력은 정말 대단합니다. 그래서 '나는 누구인가'라는 질문에 대응할 수 있는 것은 책이 거의 유일합니다. 책을 읽는 것은 작가의 세계를 여행하는 것이라고 했습니다. 보통 작가는 책을 쓰기 위해 그동안 자신이 생각하고 연구했던 것을 정제하고 압축합니다. 실로 책은 작가 자체입니다. 책을 읽음으로써 작가의 내밀한 생각을 훔쳐보고 작가와 대화를 합니다. 책을 통해서 2,500년 전 소크라테스도 만날 수 있고, 바다 건너의 오바마도 만날 수 있습니다. 치열했던 제2차 세계 대전도 경험할 수 있고 초록지붕에 초대받을 수도 있지요. 심지어 미시의 양자 세계에서부터 끝없이 펼쳐진 우주 너머로까지 여행을 할 수도 있습니다. 책에는 한계가 없습니다. 이 한계가 없는 책을 이용해서 우리가 궁극적으로 하려고 하는 것이 있습니다. 그것은 바로 변화입니다.

우리는 언제나 변화를 원합니다. 지금에 만족하는 사람은 굳이 변화를 원하지 않겠지만 십중팔구, 아니 백중구십구는 지금보다 더 나은 어떤 것을 바랍니다. 성장하는 삶을 살고 싶은 사람도, 아니면 내게 부족한 것을 채우려는 사람도 지금의 나를 다른 곳으로 옮기려고 합니다. 변화되는 사회를 따라가기 위해서라도 우리는 어쩔 수 없이 변화를 선택합니다. 즉, 변화는 생존의 기본 요소입니다. 다윈의 진화론이 말하고자 하는 것은 변화하지 않으면 도태된다는 사실입니다. 변화는 현재를 위한 것이 아닌, 미래를 위한 것입니다. 변화는 진행 각도를 조정하는 것입니다. 그래서 시간이 지난 후에 다른 목적지에 다다르기 위함입니다. 그 목적지는 우리 자녀가 도달했으면 하는 부모의 목적지입니다. 맞아요, 자녀의 목적지가 아니라 부모의 목적지입니다. 왜냐하면 변화의 주체는 이 책을 읽고 있는 부모가 될 테니까요.

우리의 독서는 두 가지 목적이 있습니다. 하나는 나의 변화이고 다른 하나는 나의 변화를 통한 자녀의 변화입니다. 나의 변화는 내가 조절할 수 있지만 자녀의 변화는 내가 조절할 수 없습니다. 자녀를 부모의 마음대로 할 수 있다는 것은 착각입니다. 그래서도 안 됩니다. 아이의 삶은 부모의 것이 절대 아닙니다. 아이 삶의 주인은 온전히 아이여야 합니다. 아이가 지금 우리보다 더 나은 삶을 살기 바란다면 아이를 닦달하는 것은 결코 좋은 방법이 아닙니다. 대신 부모가 더 나은 삶을 살면 됩니다. 자녀의 변화를 위한 가장 영향력 있는 변수는 부모의 변화입니다. 따라서 부모가 변화해야 합니다. 등육아 기억하시지요? 부모의 등은 가장 확실한 가르침입니다. 부모의 등이 변하면 아이도 변합니다.

변화 이야기에서 빠질 수 없는 것이 '가소성'입니다. 가소성의 사전적 정의는 고체가 외부에서 탄성 한계 이상의 힘을 받아 형태가 바뀐 뒤 그 힘이 없어져도 본래의 모양으로 돌아가지 않는 성질입니다. 영어로는 'plasticity'입니다. 플라스틱이 불에 녹은 다음 굳어지면 이전 형태로 돌아가지 않는 특성을 반영한 것입니다. 이 단어는 평소에 잘 사용하지 않지만, 다음 단어는 한번쯤 들어봤을 거에요. '신경 가소성', 정확히는 뇌신경의 가소성을 말합니다. 성장과 재조직을 통해 뇌가 스스로 신경 회로를 바꾸는 능력입니다. 신경 가소성은 변화하는 뇌의 적응 능력을 설명할 때 주로 등장합니다. 신경 가소성의 극단적인 예를 하나 들어 볼게요. 뇌의 후두엽 쪽에는 시각 정보를 처리하는 시각 중추가 있습니다. 그런데 후천적으로 시각을 잃어버리면 이 시각 중추 부분이 다른 기능을 하는 뉴런들로 재편됩니다. 뇌의 각 부분마다 정해진 기능이 있는 것이 아니라 상황에 따라 가장 효과적인 방법을 찾아 변화하는 것이 뇌입니다.

　인간의 생각, 말, 행동은 뇌 안에 있는 물리적 전기 신호 결과물에서 벗어날 수 없습니다. 모든 것이 인간의 뇌 활동으로 생긴 것입니다. 의식도 무의식도 시냅스 연결이 어떤 식으로 되어 있느냐로 모두 결정됩니다. 그래서 내 생활의 변화를 이끌기 위해서 뇌의 변화는 필연입니다. 아주 다행인 것은 뇌가 가소성을 갖고 있다는 것입니다. 뇌는 고정된 것이 아닙니다. 그리고 더 다행인 것은 뇌의 가소성은 나이를 따지지 않는다는 것입니다. (단, 뇌의 가소성이 작동하지 않는 단 하나의 영역이 있는데, 모국어 영역입니다. 모국어는 어린 시절 고정되고 시간이 지나도 변하지 않습니다. 하지만 모국어 영역을 제외한 나머지 영역은 모두 바꿀 수 있습니다. 나이에 상관없이요.) 뇌의 놀라운 능력입니다. 가소성의 개념을 알고 있으면 변화를 만드는 데에 유리합니다. 제가 가소성 이야기를 꺼낸 것은 신경 가소성에서 조금 더 확장해서 하고 싶은 이야기가 있기 때문입니다. 그것은 '감정 가소성'입니다.

감정 가소성

감정은 어떻게 만들어질까요? 보통은 이렇게 생각합니다. 외부의 자극으로 만들어지는 뇌의 반응으로요. 하지만 우리가 인식하는 각종 감정, 예를 들어 행복, 슬픔, 분노, 공포, 혐오, 놀람 같은 감정은 인간에게 기본적으로 내재되어 있는 것이 아닙니다. 『감정은 어떻게 만들어지는

가?』(리사 펠드먼 배럿/생각연구소)의 내용에 따르면 '감정은 문화라는 틀 안에서 학습되고, 뇌는 학습하고 범주화한 과거의 경험을 통해 스스로 감정을 구성한다'라고 합니다. '구성한다'는 단어는 말 그대로 뇌 속의 이런저런 재료를 모아 만들어낸다는 뜻입니다. 감정은 화폐가 실재하는 것과 같은 의미에서 실재합니다. 다시 말해 감정은 착각은 아니지만, 사람들 사이의 합의의 산물입니다. 감정은 세계에 대한 반응이 아닙니다. 감정은 촉발되지 않습니다. 우리는 감정을 인식 또는 확인하지 않습니다. 우리는 감각 입력의 수동적 수용자가 아니라 우리 감정의 능동적 구성자입니다. 감정의 설계자입니다.

감정을 구성하는 작업은 당연히도 무의식적으로 일어납니다. 이를 무의식이라고 해도 좋고, 대니얼 카너먼의 '시스템1'으로 이해해도 괜찮습니다. 위 책에서는 이를 '뇌의 예측'이라고 설명합니다.『생각한다는 착각』(닉 채터/웨일북)의 주요 내용도 사람의 생각은 우리가 생각이라는 것을 하기도 전에 뇌가 이미 결정해 놓은 것이고 사람은 이를 알아차리는 것뿐이라고 말합니다. 뇌는 자극을 받아 예측을 진행하고 가장 적절한 대응을 하게 프로그램되어 있다는 것이지요. 실제로 시각 정보를 처리하기 위해 눈에서 들어오는 정보보다 이 정보를 비교하고 분석하기 위한 기타 정보가 뇌의 다른 곳으로부터 시각 중추로 더 많이 유입됩니다.

『정리하는 뇌』(대니얼 J. 레비틴/와이즈베리)에서는 우리의 뇌가 잘하는 일이 '범주화'라고 말합니다. 범주화를 통해 뇌에서 자동화시스템을 만듭니다. 범주화는 목표에 따라 변화합니다. 자동차라는 것이 운

송수단이면서 신분을 나타내는 표시이기도 하고 살인무기도 되는 것처럼 말입니다. 뇌 활동의 결과물인 감정도 당연히 범주화의 대상입니다. 감정을 만들어 내는 데 중요한 것이 '개념'입니다. 개념은 구체적인 사회적 사실들에서 일반적인 법칙을 만들어내는, 사람들의 추상적인 생각입니다. 예를 들어 우리는 무지개에 대해서 일곱 가지 색깔이라는 개념이 있습니다. 일곱 가지로 범주화하는 것이지요. 하지만 실제로 무지개는 무수히 많은 색을 가지고 있습니다. 단지 우리가 일곱 색깔로 개념화, 범주화한 것이지요. 어떤 나라에서는 무지개를 여섯 색깔로 봅니다.

개념은 단어로 표현됩니다. 그래서 단어를 더 많이 알고 있는 사람이 더 많은 개념을 알고 있다고 볼 수 있습니다. 우리가 태어나고 언어를 배우기 시작하면서부터, 부모의 말을 따라하면서부터 우리는 단어로 개념을 배우기 시작합니다. 그리고 우리의 세계는 이 언어로 규정됩니다. 개념에 대한 좋은 예가 있습니다. 바로 '썸'이라는 단어예요. 사귀지도, 그렇다고 사귀지 않는 것도 아닌 미묘한 관계를 나타내는 썸이라는 말은 예전에는 없었지만 썸이라는 단어가 만들어지면서 새로운 개념으로 정착했습니다. 여자랑 남자랑 말이 잘 안 통하는 것은 개념의 차이 때문입니다. 보통의 경우 남자는 여자가 가진 개념의 양을 따라갈 수 없습니다. 이 개념의 차는 부모와 아이에게도 적용됩니다. 말을 해도 잘 못 알아듣는 이유는 어른에 비해 아이들의 개념이 부족하기 때문입니다. (크면서 자연스럽게 좋아질 텐데 부모는 마음이 조급해지곤 하지요.)

제가 아이들에게 책을 많이 읽히는 이유는 더 많은 단어를 접하여 더 많은 개념을 익히도록 하기 위해서입니다. 개념 중심의 언어 능력은 당연히 모든 영역의 학습에 도움이 됩니다. 두 종류의 연장을 갖고 있는 사람과 스무 종류의 연장을 갖고 있는 사람이 집짓기를 한다면 누가 더 잘 지을 수 있을지는 보지 않고도 알 수 있습니다. 아이들에게 단어를 준다는 것은 하나의 세계를 열어 주는 것과 같습니다. 더불어 감정을 형성하고 지각할 수 있는 도구를 건네는 것입니다.

　개념은 감정에도 적용됩니다. 더 많은 감정 개념을 갖고 있는 사람들이 더 많은 감정을 만들 수 있습니다. 또 목표에 따라 범주화가 달라지므로 (행복을 감정으로 볼 수 있다고 한다는 가정 하에) 우리 개개인은 '행복'에 대한 각기 다른 개념을 갖습니다. 인정을 받는 것, 쾌감을 만끽하는 것, 야망을 달성하는 것, 삶의 의미를 찾는 것처럼 말이지요. 개념은 약속일뿐입니다. 그래서 감정은 물리적으로 실재하지 않습니다. 우리의 뇌가 편의대로 만들어낸 표상일 뿐입니다. 우리는 이 표상을 다른 사람과 공유하면서 커뮤니케이션을 합니다. 세월호의 아픔을 공감하는 것처럼요. 이것을 '감정의 사회적 실재'라고 합니다. 만약 슬픔이라는 개념이 없다면 우리는 슬픔을 공감하지 못할 것입니다.

　그렇다면 감정은 구체적으로 어떻게 만들어지는 것일까요? '짜증'이라는 예를 들어 보지요. 유아기 때 매우 다양한 상황에서 짜증이라는 단어를 반복적으로 듣다 보면 짜증이라는 감정의 씨앗이 뿌려집니다. 그리고 '짜증 나다'라는 말을 바탕으로 그 다양한 사례들이 함께 묶여 '짜증'이라는 개념을 형성하지요. 이 단어는 우리가 그 사례들에서 공통된 특징을 찾도록 유도하며, 우리 안의 '짜증 경험'을 구성하거나 다른 사람의 '짜증을 지각'할 수 있게 만듭니다. 추후에 비슷한 범주의 사례가 발생하면 뇌는 짜증을 예측하고 짜증 감정을 구성합니다.

감정은 세계에 대한 반응이 아닙니다. 감정은 우리 자신이 구성하는 세계의 일부입니다. 우리의 화는 아이의 잘못이 만들어낸 것이 아닙니다. 화는 우리가 구성한 것입니다. 우리가 그동안 학습하고 우리의 뇌가 추구하는 목표에 따라 우리가 만든 것입니다. 모든 감정은 목표가 있습니다. 화, 분노는 마땅히 존중받아야 할 것을 존중받지 못할 때 생깁니다. 그러니 '화'라는 감정은 존중받는 것이 목표입니다. 식당에 갔을 때 나보다 늦게 온 사람의 음식이 더 먼저 나오면 화가 납니다. 순서에 대한 존중을 받지 못했기 때문입니다. 이러한 존중을 받기 위한 화 감정의 발동은 당연한 것입니다.

그런데 문제는 아이들을 향한 이 목표는 잘못된 것이라는 점입니다. 식당에서의 화는 일회성이고 짧은 시간에 최대의 효과를 내기 위해 화를 직접적으로 내는 것이 효과적일지 모릅니다. (저는 이 또한 반대합니다.) 하지만 부모의 화에 아이들이 행동을 바꾸는 것은 부모의 화를 일시적으로 피하기 위함이지, 자기들의 행동이 잘못됐다고 생각해서가 절대 아닙니다. 단순 회피 반응입니다. 자녀의 잘못된 행동을 고치고 싶다면 화를 내서 자녀의 편도체를 활성화시킬 것이 아니라(아이들이 위기 상황이라고 인식하게 만드는 것이 아니라), 오히려 편안한 분위기에서 전전두엽을 활성화시키는 이성적 설명을 해야 합니다. 자녀들과는 일회성이 아니라 연속적 관계입니다. 화를 내서 바뀌는 것은 아이들의 잘못된 행동이 아니라 아이들이 더 잘 화낼 수 있도록 학습된 뇌신경뿐입니다.

　이런 질문을 할 수 있을 것 같습니다. "지금 갖고 있는 개념에 대한 책임은 누구에게 있습니까?" 물론 모든 책임이 우리에게 있지 않습니다. 아기였을 때의 우리는 머릿속에 들어오는 개념을 선택할 처지가 아니었으니까요. 하지만 성인이 된 후에는 우리가 어떤 일을 접하고 무엇을 학습할지 선택할 수 있는 기회가 있습니다. 그러니 우리의 경험들은 우리가 의도하든 의도치 않든 간에 우리의 행동을 인도하는 역할을 합니다. 이 책임 이야기의 시사점은 아주 단순합니다. 미래를 바꾸기 위해서 현재를 바꿔야 합니다. 그리고 그 미래를 바꿀 수 있는 사람은 오직 나뿐입니다. 내가 내 자신의 설계자입니다. 지금 바로 조치를 취해서 미래의 감정 경험에 영향을 미칠 수 있고, 내일의 우리를 조각할 수 있습니다.

　우리의 뇌는 범주화된 데이터로 커뮤니케이션합니다. 그래서 미래를 바꾸기 위한 설계에는 '재범주화'가 필수입니다. 재범주화를 위해서 우리가 해야 할 것은 더 많은 개념을 알고 더 많은 사례를 구성하는 것입니다. 재범주화를 통해 감정을 다스리고 행동을 조절할 수 있습니다. 예를 들어 볼게요. '나'를 하나의 개념이라고 생각해 보겠습니다. 우리는 시뮬레이션을 통해 나의 사례를 구성할 것입니다. 그리고 각 사례는 우리의 목표에 따릅니다. '돈을 버는 나, 아이를 돌보는 나, 드라이브를 즐기는 나, 엄마 아빠를 그리워하는 나'처럼요. 이것을 우리는 페르소나라고 부릅니다. 개념은 '나' 하나이지만 맥락에 따라 변화합니다. 우리는 여기서 힌트를 얻을 수 있습니다. 감정의 주인이 되기 위해서 우리는 '나'에 대한 개념 체계를 비틀 수 있습니다. 뇌의 예측을 바꿀 수 있습니다. 우리가 '나'를 개념화할 수 있는 것은 앞서 말했던 배경 자아 덕분입니다. 배경 자아를 이용해서 '나'와 대화를 시도하는 것입니다. 이것이 '알아차림'입니다. 또는 '마음챙김'이라고 부르기도 합니다. 우리는 우리의 감정을 알아차리는 것만으로도 뇌의 예측에 영향을 줄 수 있습니다. '내가 화가 났구나' 하고 알게 되면 그 화는 더 이상 나의 것이 아닙니다. 그리고 뇌는 경험을 재구성하고 사례를 재범주화하여 미래의 예측을 바꿉니다. 같은 일이 생겨도 화를 내지 않도록 말이지요. 재범주화는 의미를 창조하는 것입니다. 의미를 바꾸는 것은 자유인의 특권입니다.

재범주화는 영화 〈어벤져스: 엔드게임〉에서 닥터스트레인지가 타노스의 공격을 나비로 바꾸어 버린 것과 같습니다. 타노스의 공격이 도저히 닥터스트레인지에게는 먹히지 않습니다. 멋지지 않나요? 그래서 '썸'의 예처럼 새로운 개념을 하나 만들어 봤습니다. 나의 감정을 알아차려서 나의 뇌를 재범주화시키는 일련의 작업을 '나비화'라고 부르겠습니다. 그럴 듯하지요? 나비화는 삶을 더 풍요롭게 하고 더 성장하게 하기 위해 꼭 필요합니다. 나비화를 잘 하기 위해서 필요한 것이 있습니다. 잠을 잘 자고, 건강한 식사를 하고, 단어를 많이 배우면 됩니다. 여기에 명상까지 하면 금상첨화입니다. 숙면, 좋은 음식, 독서, 명상은 몸과 마음을 모두 건강히 하는 대단한 활동들입니다. 저는 이 중에서 독서에 관해 이야기하는 중입니다. 단어를 많이 배워서 감정의 주인이 되자는 다소 과격한 주장을 하고 있는 중입니다. 우리, 감정에 휘둘리지 않는 자유인이 되어 봅시다.

제가 감정에 대해서 이렇게 길게 이야기하는 이유는 다음의 두 가지 때문입니다. 첫째, 우리가 다른 인간(의 뇌)과 협조하는 데에 감정이 큰 역할을 하기 때문입니다. 인간은 진사회성 동물입니다. 혼자서는 절대 살아갈 수 없습니다. 타인과의 협력은 필수입니다. 협력을 위한 언어적 또는 비언어적 메세지를 더 효과적으로 전달하기 위해서 감정이 필요합니다. 때로는 메세지 내용보다 감정이 훨씬 많은 역할을 하기도 합니다. 자녀와의 대화에서도 감정은 매우 중요합니다. 똑같은 문장을 가지고도 감정에 따라 긍정의 시그널을 보낼 수도 있고 반대로 부정으로 감싸서 보낼 수도 있습니다. 감정은 사회적 실재이기 때문에 우리의 자녀도 부모에게서 감정을 학습하여 사회생활을 하게 됩니다. 감정 조절을 잘 하는 사람이 당연히 사회생활을 더 잘합니다. 사회생활을 위한 것 이전에 부모와 자녀의 좋은 관계는 서로가 나누는 감정의 내용에 따라 달라집니다. 많은 육아서에서 바람직한 육아의 시작은 부모와 아이의 좋은 관계에서부터 시작된다고 말합니다. 부모는 아이에게 단순히 신체만을 주는 것이 아니라, 이 신체를 다룰 수 있는 감정 또한 전수해 주어야 합니다.

둘째, 신경 가소성처럼 감정도 가소성을 가지기 때문입니다. 감정은 신경으로 이루어진 뇌 활동의 결과물이니까요. 더 자주 활성화되는 감정을 뇌가 더 자주 예측하고 아웃풋으로 내놓는 것은 당연합니다. 화를 내는 사람이 더 자주 화를 내고 웃는 사람이 더 자주 웃게 되는 이유입니다. 그렇다고 화를 자주 내는 사람이 자주 웃는 사람으로 바뀌지 못하는 것이 아닙니다. 감정도 가소성이 있기 때문에 당연히 바꿀 수 있습니다. 그래서 저는 이것을 '감정 가소성'이라고 부릅니다. 자녀와 특히 감정적으로 부정적인 관계에 있다면 '감정 공부'를 많이 해야 합니다. 등육아의 많은 부분도 감정이 함께합니다. 그래서 자녀에게 좋은 미래를 선물하고 싶다면 부모가 감정에 휘둘리지 않는 감정 자유인이 될 필요가 있습니다.

앞서 감정이 만들어지는 메커니즘에 대해서 잠깐 설명했습니다. 그리고 감정을 잘 이해하고 조절하기 위해서 감정 어휘를 더 많이 알 필요가 있습니다. 어른을 위한 감정 어휘 학습은 독서 이상이 없습니다. 감정 어휘라고 해서 인물들의 심리묘사가 뛰어난 소설책을 읽으라는 말은 아닙니다. 오히려 감정 어휘를 위해서라면 육아서가 훨씬 도움이 됩니다. 왜냐하면 육아서에는 아이들과의 다양한 경험 사례가 실려 있고, 각각의 사례에 따른 잘못된 감정과 올바른 감정을 설명해 주기 때문입니다. 우리의 감정은 사례를 통해 학습되고 이를 바탕으로 뇌가 예측하여 감정 반응을 만들어 냅니다. 우리는 그것을 인식하는 것이고요. 그러니 육아서를 통한 의식적인 학습은 무의식적 감정 학습에 도움이 됩니다.

독서와 더불어 명상도 추천합니다. 명상을 통해 나를 '알아차리는' 능력을 높이면 감정을 받아들이고 제어하는 데에 엄청난 도움을 얻을 수 있습니다. 그리고 감정을 다스리는 또 다른 방법으로 '감사 일기'에 대해서만 잠깐 소개해 드릴게요.

감사 일기

감사 일기라고 썼지만 더 정확히는 감사의 생활화입니다. 감사의 효과는 연구된 내용만으로도 어마어마하게 많습니다. 감사는 면역력을 높여 주고, 혈압을 안정시키고, 긴장을 없애 주고, 잠도 잘 자게 해주고, 우울증도 개선시켜 주고, 혈액순환을 도와주고, 통증 완화의 효과도 있습니다. 만병통치약입니다. 사람과의 관계도 원활히 만들어 주고, 화도 덜 나게 해 줍니다. 궁극적으로는 자녀와의 관계를 좋게 하고, 이 감사의 생활화가 자녀들에게도 옮겨갈 것입니다.

　방법은 매우 간단합니다. 자기 전에 오늘 감사한 것 다섯 가지를 노트에 적는 것이 전부입니다. 단, 감사를 위한 감사는 안 됩니다. 다섯 가지가 안 되면 세 가지, 세 가지가 안 되면 한 가지라도 적어 보세요. 처음 며칠은 적을 게 별로 없을 것입니다. 그런데 감사 일기를 며칠 적다 보면 재미있는 일이 생깁니다. 뇌는 효율을 매우 중요하게 생각하므로 매일 저녁에 있을 감사 일기를 의식하기 시작합니다. 그래서 낮 동안에 하는 일들이 감사한 일인가를 평가하기 시작합니다. 왜냐하면 저녁에 적어야 하니까 미리 확인해 두는 것이지요. 이렇게 생각을 하다 보면 하루 전체를 감사함으로 채울 수 있습니다. 그야말로 감사가 생활화되는 것입니다. 사실 내가 지금 여기에서 이렇게 숨 쉬고 있는 것 자체만으로도 감사한 일입니다. 너무 명확한 감사입니다. 이 감사로 충만한 하루가 여러분을 성공하는 삶으로 이끌 것이라고 믿습니다. (이 책을 읽어 주셔서 감사합니다.)

아이가 살아 갈 세상을 바꾸는 힘

앞에서 저는 등육아라는 키워드를 가지고 아이의 미래를 바꾸기 위해 부모의 변화가 필요하다고 말씀드렸습니다. 이는 부모의 독서가 필요한 미시적 이유입니다. 부모의 변화가 직접적으로 자녀에게 영향을 미치기 때문입니다. 우리가 또 하나 주목해야 하는 것은 독서의 거시적 이유입니다. 이 또한 우리 자녀의 미래를 바꾸는 일입니다.

우리의 자녀는 필연적으로 독립을 하게 됩니다. 빠르면 대학교에 들어가면서부터, 늦으면 결혼을 하고 나서겠지요. 빠르든 느리든 아이들은 대한민국이라는 사회에 편입되어 살아갑니다. 아이들의 무대가 가정에서 사회로 옮겨지는 것입니다. 아이들이 독립하고 나면 부모의 영향력을 벗어나니 부모의 책임이 끝나는 것일까요? 그렇지 않습니다. 아이들의 미래를 위해서 부모로서 해야 할 일이 남아 있습니다. 그것도 지속적으로요. 그것은 대한민국을 더 살기 좋은 사회로 만드는 일입니다. 몇 년 전 유행하던 단어가 있었지요? '헬조선'. 살기 힘든 대한민국을 빗대어 말하는 단어입니다. 아무리 열심히 노력해도 정당한 보상이 돌아오지 않는 현실이 만들어낸 신조어입니다. 아이를 아무리 잘 양육했다고 하더라도 지옥 같은 세상에 내보내고 싶은 부모는 없습니다. 어쩔 수 없지만 부모는 두 가지 태도 중 선택해야 합니다. 아이를 전쟁에서 승리하는 군인으로 만들지, 아니면 평화로운 세상을 만들어 아이들이 안전하게 살아가게 할지 말입니다.

평화, 너무 거창한 주제인가요? 그렇지 않습니다. 우리는 반세기

전만 해도 지금 우리가 누리는 자유와는 차원이 다른 제한적인 자유 사회에서 살았습니다. 그러한 사회를 바꾼 것은 우리의 부모 세대입니다. 의식하고 깨어 있으면 희생이 있을지언정 기필코 바꿀 수 있습니다. 그리고 지금에 와서는 그 형태가 바뀌었습니다. 물리적 탄압이 아니라 정신적 궁핍을 만들어 냅니다. 자본주의는 물질적 삶을 풍요롭게 해 주었을지는 몰라도 영혼까지 살찌워 주지는 못했습니다. 오히려 앞만 보고 달리는 경주마 인생을 살고 있습니다. 콜로세움에서 사자와 싸우는 일회용 투사일지도 모릅니다. 부모님들은 아이들을 전사로 키우고 있나요? "세상은 전쟁터이니 잘 무장해야 해. 여기 좋은 무기가 있으니 꼭 갖고 다니고. 일단 좋은 대학교 들어가자. 남들보다 앞서야 해. 승자만 살아남는 거야. 그래야 네가 원하는 거 할 수 있어." 아이들이 전쟁터에서 승리한다고 해도 전쟁터는 전쟁터일 뿐입니다. 전쟁에서는 모두가 패자입니다. 부모가 세상을 전쟁터로 바라보면 아이들도 세상을 똑같이 전쟁터로 인식할 것입니다.

그러나 부모가 세상을 다르게 인식한다면 아이들도 달라질 것입니다. 살만한 세상은 우리 부모가 만들어 주어야 합니다. 부모는 기득권을 갖고 있으니까요. 기득권층이 따로 있어서 나는 아무런 영향력이 없다고 생각하면 정말 아무것도 아닌 사람이 됩니다. 우리는 민주주의 사회에 살고 있습니다. 투표는 시민이 행할 수 있는 최고이자 최후의 권리입니다. 영국의 수상이었던 처칠이 말했습니다. "모든 나라는 그 나라 국민 수준에 맞는 지도자를 가진다." 국민의 수준은 누가 결정하나요? 바로 나입니다. '나 하나 쯤이야'가 아니라 '나부터'라는 인식이 필요합니다. 나의 수준을 올리는 것이 살만한 세상을 만드는 길입니다. 거지 같은 세상이라고 욕할 필요가 없습니다. 그 세상의 일부는 내가 만든 것이니까요. 남 탓할 필요도 없습니다. 남 탓해서 바뀌는 것은 단 하나도 없습니다. 내가 더 좋은 사람이 되어 더 좋은 세상을 차차 만들어가면 됩니다. 세상을 바꾸는 작은 방법으로 우리가 먼저 공공질서를 지키거나, 투표를 통해 정치적 의사 표현을 할 수 있습니다. 그리고 제가 이렇게 글을 써서 여러분과 함께 더 좋은 세상을 만들자고 말할 수 있는 것도 모두 독서 덕분입니다.

독서로 건강한 가치관을 지니게 된 부모는 자녀에게 공동체 정신이나 행복의 참된 가치를 알려줄 수 있습니다. 부모가 먼저 자녀에게 선한 영향력을 끼치는 사람으로 성장하는 것입니다. 저는 이러한 사람을 참 민주시민이라고 부릅니다. 여기에 동양적 가치를 더하면 우리는 그 사람을 '어른'이라고 부를 수 있습니다. 아이들에게 부모가 '어른'으로서 보이는 말과 행동이 굉장히 중요합니다. 하지만 생각보다 만만치 않습니다. 우리 시대가 참어른을 귀하게 생각하는 이유이기도 합니다. 인상깊은 다큐멘터리 영화를 하나 보았습니다. 〈어른 김장하〉입니다. 김장하 선생님은 한약방을 운영하면서 모은 돈으로 자신을 전혀 드러내지 않고, 학교를 만들고 장학재단을 운영하고 예술센터를 지원하며 사회에 환원하는 일을 해 왔습니다. 물론 많은 분들과 단체들이 기부 활동을 하고 있습니다. 그러나 김장하 선생님이 우리에게 울림을 주는 것은 기부 자체가 아니라 어른으로서의 삶 때문입니다. 본인이 돋보이기 위해 어떻게든 애쓰는 삶이 아닌, 깊이를 알 수 없는 아주 깊은 우물과 같은 삶의 태도, 그리고 흔들리지 않는 나무처럼 굳건하고 기품 있는 성품 때문입니다. 이 다큐멘터리를 본 많은 분이 마치 선물을 받은 것 같다고 말한 것은 어른 김장하의 선한 영향력 덕분이겠지요. 기부를 많이 하자는 것은 절대 아닙니다. 사회 공헌은 강요의 영역이 아닙니다. 다만 부모의 어른된 삶이 자녀뿐만 아니라 이 사회를 살기 좋은 사회로 만드는 데에 매우 큰 역할을 한다는 것을 전하고 싶습니다. 부모의 독서는 부모 개인의 성장을 위해 시작하지만 직접적으로는 아이 자체를 바꾸고, 간접적으로는 아이가 살아갈 세상을 바꾸는 일입니다. 즉, 부모의 독서는 아이들의 미래를 바꿉니다.

덧붙여 고백하자면, 제가 책육아를 시작한 것은 『불량육아』를 읽었을 때부터입니다. 아내가 살포시 건네 준 이 한 권의 책이 저와 저희 아이들의 인생을 이렇게 바꿔 놓을 줄은 당시에는 상상도 할 수 없었지요. 이 책을 읽고 책육아를 실천하기 위해 큰아이에게 입에서 단내가 나도록 책을 읽어 주기 시작했습니다. 부모님들이 제일 무서워하는 '또~'를 아이가 스스로 질려할 때까지 들었으니까요. 덕분에 아이는 책을 좋아하는 아이로 자랐고 저로서는 감히 넘보지 못하는 퀀텀 독서를 하게 되었습니다. 아들녀석이지만 매우 부럽습니다. 아이들과 책을 함께 읽으면서 더불어 저만의 독서도 함께 늘었습니다. 육아 관련 책을 지속적으로 읽고, 좋은 부모이기 전에 좋은 어른이 되어야겠다는 생각에 저를 성장시켜 주는 책들을 골라 많이도 읽었습니다. 그리고 그 경험들을 저만의 생각으로 정리해 이 책에 담기까지 이르렀고 제 나름대로의 '부모 독서 장려 캠페인'을 펼치게 되었습니다. 그러고보니, 저에겐『불량육아』가 인생책이었네요!

무의식을 업데이트하는 방법

책 전반에 걸쳐 무의식의 중요성을 말하고 있습니다. 연구에 따르면 우리가 하는 일들의 95%를 무의식이 담당하고 단 5%만 의식적으로 한다고 합니다. 그러니 조금 과장하면 무의식이 곧 나의 세계라고도 할 수 있습니다. 그러면 어떻게 무의식에 우리가 원하는 프로그램을 심거나 업데이트할 수 있을까요?

최면이나 암시처럼 무의식에 직접 영향을 주는 방법도 있겠지만, 제가 추천드리는 방법은 의식을 활용하는 것입니다. 의식을 활용한다고 쓰긴 했지만 더 쉽게 말해서 '자주 생각하기'입니다. 매우 간단하고 직관적입니다. 무의식에 남기고 싶은 것을 더 자주 생각하는 것입니다. 우리의 의식적 생각은 당연히 뇌의 신경 네트워크를 사용합니다. 자주 쓰면 네트워크가 더 잘 활성화되고 더 단단해집니다. 이것이 신경 가소성입니다. 이렇게 만들어진 의식의 자취가 무의식에 영향을 줍니다. 운동선수의 스윙이 수많은 연습으로 무의식화되듯이, 생각이라는 의식을 통해 무의식에 영향을 주는 것입니다. 생각을 통해 내가 원하는 내용을 무의식에 침전시키는 방법입니다.

죽음이라는 개념을 예로 사용해 봅시다. 죽음이라는 개념은 우리와 그렇게 가깝지 않습니다. 하지만 우리가 죽음을 무의식에 두었을 때 우리에게 매우 유익한 효과가 있습니다. 인생에서 단 하나의 진리가 있다면 그것은 '우리는 언젠간 죽는다'일 것입니다. 하지만 이 진리를 마음에 두고 사는 사람은 없습니다. 마치 영원히 죽지 않고 살 것처럼 생각하고 살아갑니다. 이 착각이 죽음을 무의식의 자리에서 밀어냅니다. 무의식에 자리 잡지 못하도록 합니다. 이것은 영화 〈인사이드 아웃〉에서 기쁨이가 슬픔이를 가두는 것과 비슷합니다. 인생은 즐거운 것으로만 가득 차길 바라는 마음이지요. 하지만 슬픔이의 터치가 라일리에게 꼭 필요했듯이, 죽음을 의식하고 무의식에 자리를 만들어 주는 것이 우리가 살아가는 동안 더 이익입니다.

메멘토 모리, '죽는다는 것을 기억하라'라는 뜻의 라틴어입니다. 죽음의 개념이 무의식에 자리잡고 죽음과 함께하는 삶이 될 때 우리는 새로운 질문을 할 수 있습니다.

"너 존재했어?"
"너답게 존재했어?"
"너만의 이야기로 존재했어?"

위 질문은 『이어령의 마지막 수업』(김지수, 이어령/열림원)에 나오는 문장입니다. 이 질문들은 '나'에 대한 질문입니다. 이 질문은 죽음을 의식하지 않고는 할 수 없습니다. 이 질문은 인생의 태도를 만들어 줍니다. 죽음을 의식해야 하는 이유는 바로 태도 때문입니다. (아시다시피 저는 태도주의자입니다.) 그리고 가장 중요한 것은 '지금, 여기'입니다. 미래의 죽음을 제대로 의식할 때 아이러니하게 우리는 현재의 나에 집중할 수 있는 힘을 얻을 수 있습니다. 내가 잘 존재하고 있는지, 나만의 이야기로 존재하는지 볼 수 있습니다.

혹자는 부모가 자녀에게 집착하는 이유를 죽음을 제대로 마주하지 못하는 태도 때문이라고 말합니다. 무슨 말이냐 하면, 자녀를 통해 수명 연장의 욕구를 실현하려고 한다는 것입니다. 자녀를 자기가 원하는 모습으로 만들면 본인이 자녀의 수명만큼 더 살 수 있는 것으로 여긴다는 것이지요. 이 얼마나 끔찍한 말인가요. 부모는 자녀의 삶을 살고 자녀는 부모의 삶을 살게 되는 바보같은 상황이 만들어집니다. 이러지 않기 위해서라도 부모는 온전히 부모의 삶을 살고, 자녀는 온전히 자녀의 삶을 살 수 있도록 부모가 이끌어야 합니다.

이렇듯 지금, 여기에 집중하는 삶이 일상이 되기 위해서는 죽음이 무의식의 한 자리에 자리잡아야 합니다. 죽음이 완전히 자리 잡게 하기 위해서는 '그래, 죽음을 기억하는 것이 중요하지'라는 문장을 보는 것만으로는 부족합니다. 죽음에 관한 이야기를 지속적으로 의식에 띄워야 합니다. 그런데 죽음은 일상생활 속에서 우리가 접하기 어려운 단어입니다. 가장 현실적으로, 그리고 자연스럽게 죽음이라는 단어와 가르침을 얻을 수 있는 방법은 독서입니다. 『이어령의 마지막 수업』처럼 메멘토 모리가 쓰여진 수많은 책을 통해서 우리는 자연스럽게 죽음을 무의식화할 수 있습니다. 그러고 나면 지금, 여기에 점점 집중할 수 있게 됩니다.

궁극적으로 저는 독서를 긍정의 무의식을 만들기 위한 도구로 사용합니다. 지식을 얻고 나를 알아가는 것과 함께 독서의 중요한 목적입니다. 그리고 지식, 나를 알아기기, 무의식은 서로 상호 작용하여 상승 작용을 만들어 냅니다. 그리고 종국에는 어제와 다른 나를 만들어 냅니다. 책을 읽으면 읽을수록 내가 시나브로 변하는 것을 감지할 수 있습니다. 처음에는 말로 정확히 표현할 수 없지만, 독서가 쌓이고 읽은 것들이 점점 내 것이 되어갈 때 책의 내용들이 다소곳이 무의식에 앉아 있음을 알아차리게 됩니다. 물론 무조건 책을 많이 읽는다고 그렇게 되지는 않습니다. 나의 의도를 무의식으로 침하시키는 독서는 달라야 합니다. 다음 장에서 그러한 독서 방법에 대해 이야기해 보도록 하겠습니다.

II - 2 요약	**변화의 도구**

1 나를 알아가기 위해서 독서보다 좋은 방법은 없습니다.

---

2 '세계와 나는 하나'라는 일원론이 나를 알아가는 데 도움이 됩니다.

---

3 독서를 통해서 변화를 이룰 수 있습니다.

---

4 뇌신경에 가소성이 있는 것처럼 감정에도 가소성이 있습니다. 그러니 좋은 감정을 가지도록 노력해야 합니다.

---

5 독서는 아이들이 살기 좋은 세상을 만드는 데에도 필요합니다.

---

6 무의식을 업데이트하기 위해서 꾸준히 의식해야 합니다.

3

독서하는 마음, 독서하는 방법

채움과 성장, '어디에 집중할 것인가'

독서 방법을 본격적으로 말하기 전에 독서를 마주하는 태도를 먼저 짚고 넘어가면 좋을 것 같습니다. 사실 이것은 독서 이전에 삶의 태도에 더 가깝습니다. 그래서 굉장히 중요합니다. 독서의 목적은 두 가지 측면으로 바라볼 수 있습니다. 하나는 '채움 마인드'이고 다른 하나는 '성장 마인드'입니다. 얼핏 이 두 가지는 차이가 없어 보입니다. 하지만 이

둘은 굉장히 큰 차이가 있습니다. 여러분도 둘 중 어떤 태도인지 체크해 보세요.

채움 마인드부터 보겠습니다. 채움은 나의 부족한 부분을 인식하는 것에서 시작됩니다. 부족하다고 느끼니 그 만큼을 채워서 보완하겠다는 마음입니다. 따라서 채움을 목적으로 하는 사람은 채움의 기준을 외부에서 가져옵니다. '이 사람에 비해 연봉이 적다, 저 사람에 비해 영어 실력이 낮다'처럼 다른 사람과의 비교를 통해 목표가 설정됩니다. 얼핏 이런 목표 설정에 문제가 없어 보이지만 채움의 가장 치명적인 문제점은 채우려는 사람이 언제나 부족함을 느낀다는 것입니다. 목표한 만큼 채웠다 싶을 때 쯤이면 더 위에 있는 사람이 눈에 들어오고, 다시 그 사람과 비교하여 다른 부족함을 보게 됩니다. 세계 1등이 되지 않는 이상 채움은 끝이 없습니다. 언제나 '부족하다, 부족하다'라는 마음이니 더 궁핍해집니다. 돈을 많이 벌면 행복하게 살 수 있을 것 같지만, 돈만 쫓은 경우 오히려 돈 때문에 불행해지는 경우를 많이 봅니다. 아무리 돈을 벌어도 자신보다 돈 많은 사람은 세상에 많으니까요.

보통 우리는 이러한 채움 마인드에 익숙합니다. 학교에서 그렇게 배웠기 때문입니다. 의무 교육은 낙오자를 만들지 않는 것이 목표입니다. 최소한의 노동력 기준을 맞춰야 하니까요. 그러니 학교에서는 평균 이하의 것에 더 신경을 씁니다. 못하는 것을 채워서 낙오하지 않도록 만듭니다. 잘한 것을 칭찬해 주기 보다 못한 것에 대해 혼내고 비교합니다. 따라서 우리는 어릴 때부터 자연스럽게 타인과 비교하고 삶의 기준도 당연히 타인으로 설정되어 버립니다.

성장 마인드는 채움 마인드와 반대입니다. 타인이 기준이었던 채움 마인드와 다르게 성장 마인드의 기준은 나 자신입니다. 남들에 비해 더 잘했는지가 아니라 어제에 비해 내가 더 나아졌는지가 중요합니다. 또한 오늘에 비해 내일 더 나아지기 위해서 무엇을 할 것인지 생각하는 것이 성장 마인드입니다. '부족하다, 부족하다'가 아니라 '나아졌다, 나아졌다'라고 말하니 마음이 풍요로워집니다.

똑같은 노력을 했음에도 채움 마인드를 가지고 있는 사람은 부족함만 남았습니다. 마이너스 인생입니다. 부족한 것에만 집중하니 부정적 생각이 따라다닙니다. '이게 부족해서 안 돼.' '저것만 채워 놓고 하자.' '조금만 더, 조금만 더…' 채움 마인드는 안 되는 이유 투성이입니다. 그래서 정말 될 일도 안 됩니다. 남과의 비교로 점철된 인생이 결코 행복할 수 없는 이유입니다. 성장 마인드를 가지고 있는 사람은 성장이 남았습니다. 플러스 인생입니다. 플러스되는 모습만 보니, 긍정적 생각이 따라다닙니다. 내가 이미 가지고 있는 것에 집중하니, 할 수 있는 것들이 보입니다. '이걸 해 보면 되겠군.' '저 사람과 함께해 볼까?' 나에게 집중하는 인생이 행복의 길인 이유입니다.

채움과 성장은 에리히 프롬의 『소유냐 존재냐』에 나오는 소유 모드, 존재 모드와 비슷합니다. 소유하는 삶은 인간의 생존에 꼭 필요하고 존재하는 삶은 인간의 본질을 위해 꼭 필요하다고 작가는 말합니다. 이 두 가지 중에 무엇이 맞다가 아니라 균형을 강조합니다. 물질, 인간관계, 명예 등을 누구보다 더 많이 소유하고 싶다는 탐욕으로 변질되지 않기 위해서 나의 본질에 대해 의문을 가지는 존재 모드가 필요하다는 말입니다. 문제는 현대 자본주의 이데올로기 안에서 인간이 소유 모드로만 존재하도록 무의식적으로 학습된다는 것입니다. 소유로 지탱되는 자본주의는 주어진 상황에서 인간이 최적의 기능만을 하기를 바랍니다. 아이를 사랑하지만 최적의 기능을 발휘하기를 바라는, 애인을 사랑하지만 누구에게나 자랑할 만한 외모와 스펙을 갖추기를 바라는, 나를 사랑하지만 늘 자책하고 완벽하기를 바라는 마음입니다. 경쟁은 자본주의 이데올로기의 중요한 도구입니다. 경쟁은 타인과의 비교를 통합니다. 그러니 삶의 기준이 타인의 시선으로 바뀝니다. 존재 모드로 살아가는 사람의 가장 큰 특징은 능동성을 가지고 있다는 것입니다. 능동성은 자기 자신을 새롭게 하고 자기를 성장시키고 사랑하는 것, 고립된 자아를 넘어서 나 자신과 타인에게 관심을 가지고 귀기울이고 베푸는 것을 의미합니다.

여러분의 독서는 어떤가요? 채우기 위함인가요, 성장하기 위함인가요? 저는 여러분의 독서가 성장을 위한 것이면 좋겠습니다. 부족함을 느끼고 그것을 채우는 것도 물론 필요합니다. 제가 말씀드리고자 하는 것은 독서를 할 때 '어디에 집중하느냐'입니다. 채우려고만 하면 더 갈증을 느낄 것이고 성장하려고 하면 더 풍요로워집니다. 독서를 하는 이유가 나의 못난 면을 발견하기 위함은 아니잖아요. 혹 이런 질문을 할 수도 있겠어요. '나는 부족한 것 투성이에요. 아이들과의 관계도 제가 부족해서 그런 거 아닌가요? 그걸 채우고 싶어요.' 저도 공감합니다. 수많은 육아서에서 아이들은 죄가 없고 모든 갈등의 원인을 부모로 돌리고 있으니까요. 저는 반은 맞고 반은 틀리다고 생각합니

성장에서 타인이 끼어들 틈은 없습니다. 나는 오로지 나에게만 집중하면 됩니다.

다. 부모의 무지와 욕심 때문에 자녀들과 문제가 생기는 것은 맞지만, 이 무지와 욕심은 부모가 만들려고 해서 만든 것이 아닙니다. 사회가 부추겼지요. 경쟁을 유도하고, 남과 비교하고, 관계를 방해합니다. 부모도 엄밀히 말해 같은 희생자입니다. 장 폴 사르트르는 '타인은 지옥이다'라고 했습니다. 이 말은 혼자 있는 것이 최고라는 뜻이 아닙니다. 사르트르가 전하고자 했던 것은 타인의 존재가 우리 삶에 '평가'를 가져왔다는 것입니다. 따라서 우리가 지옥에서 벗어나기 위해서는 타인의 기준에서 벗어나야 합니다.

성장의 시작은 현재 나의 위치를 인지하는 것입니다. 성장의 기준이 나 자신이니까요. 성장에서 타인이 끼어들 틈은 없습니다. 나는 오로지 나에게만 집중하면 됩니다. 빌 게이츠는 이렇게 말했습니다. '나는 누구와도 경쟁하지 않고 나 자신과 경쟁하고 있다. 나의 목표는 지속적으로 나 자신을 향상시키는 것이다.' 빌 게이츠가 세계 최고 부자라서, 세계 최고의 기업을 일구어서 이런 말을 했을까요? 저는 아니라고 생각합니다. 빌게이츠의 이런 마인드가 그를 최고로 이끌었다고 생각합니다. 채움이 아니라 성장에 집중한 것입니다. 더불어 최고가 되어야만 이런 말을 할 수 있는 자격을 얻는 것이 아닙니다. 성장을 원한다면, 성장하고 있다면 모든 성장人들은 이 말을 할 자격이 있습니다.

강력한 독서법 '초서抄書'

독서 효과를 평가하는 제 나름의 기준이 있습니다. 작가가 혼신의 힘으로 쓴 책의 정수를 100으로 보았을 때, 단순히 읽는 독서만으로는 이 정수 중에서 10%만큼만 얻을 수 있다고 생각합니다. 리뷰를 작성하면 30%, 이를 바탕으로 독서 토론 등의 과정을 통해 다른 사람과 의견을 나누면 60%를 얻고, 책의 내용으로 다른 사람에게 가르칠 수 있다면 90%를 얻을 수 있습니다. 책 하나로 뽑아낼 수 있는 최대치는 여기까지입니다. 책의 주제만을 가지고 저자 이상의 내용을 얻는 것은 힘듭니다. 하지만 100%를 넘길 수 있는 방법이 있습니다. 다른 책과 연계해서 결과물을 만드는 것입니다. 두 권을 동시에 읽으라는 것은 아닙니다. 그동안 자신이 읽었던 책들과 머릿속에서 융합해야 합니다. 책을 읽다 보면 자연스럽게 내용이 합쳐질 수도 있지만, 보다 좋은 결과를 내려면 적극성이 필요합니다. 여러 책의 정수를 융합하여 100 이상의 효과를 내는 것입니다. 독서에서는 '1+1 > 2'라는 공식이 만들어질 수 있습니다.

이러한 효과를 내기 위해서는 독서를 '잘' 해야 합니다. 책을 읽는다고 모두 독서가 아닙니다. 같은 책을 읽더라도 완전히 다른 효과를 내는 것은 읽는 방법의 차이에서 나옵니다. 독서는 취미 이상이어야 합니다. 나를 변화시키고 자녀의 미래를 변화시키는 것이 절대 취미일 수는 없습니다. 잘되면 좋고 안 돼도 그만인 태도로는 절대 나도 자녀도 바꿀 수 없습니다. 그러니 책을 잘 읽어야 합니다. '잘하는 독서'에 대해서는 여러가지 방법이 있습니다만, 제가 최고로 치는 방법은 정약용 선생님의 것입니다.

저는 정약용 할아버지의 팬입니다. 대한민국 최고의 폴리매스로서 그렇습니다. 정약용은 40세부터 58세까지 18년 동안 유배생활을 했습니다. 이 기간 동안 무려 500권의 책을 썼습니다. 지리, 의학, 과학, 역사, 경제, 정치, 철학, 문학 등 장르도 다양합니다. 이런 슈퍼 만능 정약용이 될 수 있었던 비밀은 그의 독서법에 있습니다. 이름하여 '초서' 독서법! 초서抄書는 베껴 쓴다는 뜻입니다. 하지만 필사와는 다릅니다. 아주 간단히 구분하면 필사는 문장을 그대로 베껴 쓰는 것이지만, 초서는 글을 읽고 비판적으로 적는 것입니다. 글의 핵심을 구분해서 자기의 생각과 결합하여 메모하는 것입니다. 따라서 초서법은 단순한 독서법이라기 보다는 공부법이라고 부르는 게 더 정확할 것 같습니다. 초서는 독서의 질을 비약적으로 높여 주는 방법입니다. 10%짜리 읽기만 하는 독서는 대단히 수동적인 독서입니다. 안 읽는 것보다야 100배 좋겠지만, 이왕 읽는 거 뽕을 뽑아야 하지 않겠습니까! 독서의 효과를 높이기 위해서는 보다 능동적인 방법이 필요합니다. 초서는 이 능동적 방법의 끝판왕입니다. 김병완 작가님의 『초서 독서법』(청림출판)에 따르면 정약용의 초서 독서법은 다음의 다섯 단계가 있습니다.

1. 입지立志 : 책을 읽기 전에 미리 훑어 보며 준비를 합니다.
2. 해독解讀 : 책을 읽고 이해하고 뜻을 찾습니다.(흔히 말하는 독서를 말합니다.)

3. 판단判斷 : 생각하는 단계로, 의미를 파악하고 자신의 뜻과
    비교하여 취할 것은 취하고 버릴 것은 버립니다.
4. 초서抄書 : 3단계에서 생각하고 판단한 결과에 따라 선택한
    문장과 자신의 견해를 기록합니다.
5. 의식意識 : 지금까지 읽고 생각하고 쓴 모든 것을 통합해
    자신만의 새로운 견해, 의식, 지식을 창조합니다.

이 과정 중에서 가장 중요한 것이 네 번째 초서 단계입니다. 손을 사용함으로써 기억력을 올려줌과 동시에 뇌가 더 활성화됩니다. 이를 통해 뇌를 변화시키는 독서의 목적을 달성하는 것이 핵심입니다. 초서에서 쓰기는 굉장히 중요합니다. 제대로 된 쓰기를 하기 위해 생각을 안 할 수 없습니다. 사실 읽기와 쓰기는 한 몸입니다. 읽었지만 쓰지 못하면 제대로 읽은 것이 아닙니다. 백 권을 읽어도 자신의 글로 쓰지 않으면 독서는 미완성입니다.

초서법을 공부하면 동시에 '왜 독서하는가'라는 질문을 자연스럽게 하게 됩니다. 여러분들은 독서를 왜 하시나요? 김병완 저자는 독서의 기능으로 '어제보다 더 나은 자신을 만들어가고, 자신의 수준을 높이고, 자신의 세계를 확장하는 것'을 꼽습니다. 독서를 하지 않으면 나와 다른 삶을 살았던 사람들, 나보다 훨씬 위대한 삶을 살았던 이들의 삶과 경험을 알 수 없다고 하면서요. 저도 여기에 동의합니다. 따라서 독서를 하고도 달라지지 않는다면 시간 낭비입니다. 그저 예쁜 담벼락을 본 것과 다르지 않습니다.

정약용 선생님은 유배 생활 중 편지를 통해서 자녀들에게 독서에

관해 지속적으로 잔소리를 했습니다. 그중 하나입니다.

"모름지기 독서란 한 글자라도 뜻을 이해하지 못하는 곳을
만나면 널리 고찰하고 자세히 살펴 그 근원을 찾아내야 한다."

- '둘째에게 부침' 중

독서는 단순히 글을 읽고 해독하여 지식을 전달받는 행위가 아닙니다. 책 안에 있는 뜻을 찾아내서 내 것으로 만들어야 진정한 독서인 것입니다. 다른 잔소리도 하나 더 들어 보세요.

"부디 자포자기 하지 말고 마음을 단단히 먹고 부지런히 책을
읽는 데 힘써라. 초서나 글을 쓰는 일에 혹시라도 소홀히 하지
말도록 해라. (중략) 내 귀양살이 고행이야 매우 심하긴 하다만
너희가 독서에 정진하고 몸가짐을 올바르게 하고 있다는 소식만
들리면 근심이 없겠다."

- '두 아들에게 답함' 중

조선 시대야 공부의 대부분이 책을 읽는 것이었겠지만 구체적으로 초서라고 콕 집어서 강조했습니다. 독서만 잘하고 있으면 근심이 없겠다는 문장에서 독서에 진심인 그의 마음을 느낄 수 있습니다.

초서법을 따라하려면 굉장한 에너지가 필요합니다. 독서를 단순히 취미생활로 해서는 할 수 없는 방법입니다. 최재천 선생님도 말씀

하셨지요. 독서는 원래 '빡세게' 하는 거라고요. 독서에 대한 마인드 차이는 곧 결과물의 차이로 나타납니다. (문학 작품 독서는 예외로 할게요. 문학에는 감상의 요소가 절대적이니까요. 제가 이 장에서 얘기하는 독서법은 비문학에 초점을 맞춘 것입니다.) 독서를 통해 무언가 변화를 주려면 독서에 보다 많은 힘을 주어야 합니다. 시간도 들이고 돈도 들여야 합니다. 자기가 하고 싶은 것을 다 하고 나서 잠시 짬이 날 때 하는 독서로는 변화를 이끌 수 없습니다. 일하는 시간을 정해 놓듯, 독서하는 시간도 미리 정하고 확보해야 합니다.

가끔 책을 읽고 극적인 변화를 경험했다는 사람들을 종종 마주칩니다. 하지만 매우 소수입니다. 저는 그 이유가 대부분 취미 독서를 하기 때문이라고 생각합니다. 읽기에서 멈추는 10%짜리 독서 말입니다. 시간이 지나면 이 10% 마저도 점점 퇴색되어 기억의 저편으로 사라져 버리지요. 기억에도 없는데 이런 독서가 어떻게 삶을 변화시킬 수 있겠습니까. 독서를 통해 변화를 주고 싶은 사람이라면 더 치열하게 독서를 해야 합니다. 독서는 장난이 아닙니다. 자기소개서 취미란에 적으라고 있는 단어가 아닙니다. 독서에 진심이 깃들어야 합니다. '독서를 통해 변하겠어!'라는 진심 말입니다.

'일권오행一卷五行'식 독서법

독서는 공부의 한 방법입니다. 제가 독서를 강조하는 것은 삶을 공부하는 방법 중 최고이기 때문입니다. 정약용 선생님은 독서법과는 별개로 공부법에 대해서도 언급한 것이 있습니다. 다산시문집 11권 『오학론五學論 2』에 나오는 다섯 단계 공부법, 일권오행一券五行입니다. 독서하는 방법과 공부하는 방법을 씨실과 날실처럼 엮어서 생각하고 실천한다면, 책을 통한 이보다 좋은 공부법이 없습니다. 일권오행은 정약용 선생님의 독창적인 방법이 아니라 고대 중국의 유가 경전 『예기』에 나오는 내용입니다. 정약용 선생님처럼 뛰어난 분도 공부를 통해 익히고 자신의 것으로 다시 만드는 작업을 했습니다. 우리는 이러한 태도를 본받아야 합니다.

일권오행, 첫째는 박학博學입니다. 널리, 넓게 배운다는 것입니다. 다음은 심문審問입니다. 자세히 묻는 다는 것이지요. 세 번째는 신사愼思입니다. 신중히 생각한다는 뜻입니다. 네 번째는 명변明辯입니다. 명백하게 분변한다는 말입니다. 마지막으로 독행篤行입니다. 성실하게 실천한다는 것입니다. 이를 제 나름으로 풀이해 보았습니다.

박학博學

박학은 널리, 넓게 배우는 것입니다. 주제에 제한을 두지 않는 것이지요. 제대로 된 독서를 하고 있다면 분야가 넓어지는 것은 당연합니다. 일반적인 독서가들의 경우 다음에 읽을 책을 정해 놓지 않습니다. 거의 대부분 현재 읽는 책을 통해 자연스럽게 다음 책을 소개받게 됩니다. 그러다보면 나도 모르게 분야를 넘나듭니다. 박학다식의 단계에 접어드는 것이지요.

음식을 편식하듯이 책도 편식하는 분들이 있습니다. 취향의 문제라서 틀렸다고 할 수는 없습니다. 하지만 바람직하다고도 할 수 없습니다. '저는 원래 자기계발서는 안 읽어요'라는 것은 닫힌 마음입니다. 지나치게 단편적이거나 깊이가 부족한 자기계발서가 많긴 하지만, 삶의 정수가 잘 담겨 있는 자기계발서 또한 많습니다. 자기계발서는 천대하면서 인문고전을 귀하게 여기는 분도 있습니다. 하지만 대부분의 인문고전은 모두 자기계발서입니다. 현대의 자기계발서는 고전이 출판된 과거보다 비교도 안 되게 많은 정보를 더 빠르게 처리해야 하는 시대에 맞춰 쓰였으므로, 우리가 읽기에 더 적합한 형태로 진화했다고 봅니다. 꼭 자기계발서뿐만 아니라 문학이나 에세이, 과학, 예술, 편집책 등 책의 형식에 구애받지 말기 바랍니다.

박학은 가속도가 있습니다. 책읽기가 그렇습니다. 처음 몇 권을 끝내기가 힘들지, 어느 정도 독서량이 채워지면 다음 독서가 더 쉬워집니다. 배경지식이 쌓이기 때문입니다. 또 책을 골라내는 안목이 생기므로 자기에게 맞는 책을 더 잘 찾을 수 있고, 더 빨리 읽을 수 있습니다. 이렇게 쌓인 지식이 다음 책의 기반이 되어 선순환이 생깁니다. 선순환을 맛본 분들은 그 다음부터 책을 끊기가 어려워집니다.

심문審問

심문은 자세히 묻는 것입니다. 제가 독서를 시작하기 전에 신경을 많이 쓰는 부분입니다. 우리는 이야기 자체의 재미나 감동, 위로 등을 위해서 책을 읽기도 합니다. 지금 나에게 필요한 정보를 얻고 지혜를 찾기 위해서 읽기도 합니다. 하지만 독서의 더 중요한 역할은 독자로 하여금 질문을 만들어 내는 것입니다. 나를 깨우고 나를 성장하게 하는 질문들이죠. 질문이 없는 독서는 단순한 유희에 불과합니다. 유튜브를 시청하는 것과 크게 다르지 않습니다. 유튜브를 폄하하는 것이 아닙니다. 유튜브를 통해서도 자기만의 질문을 찾을 수 있다면 저는 유튜브도 좋은 책이 될 수 있다고 생각합니다. 하지만 좋은 질문을 찾아낼 만한 콘텐츠가 유튜브에는 매우 희소합니다. 쇼츠가 대세가 되고 있는 영상 시장에서 질문을 이끌 메세지를 그 안에 담는다는 것은 냉장고에 코끼리를 넣는 것만큼 굉장히 힘든 일일 것입니다.

　책은 호흡이 긴 만큼 책을 통해서 할 수 있는 질문은 무수히 많습니다. 저는 독서를 할 때 기본적으로 하는 질문 두 개가 있습니다. 하나는 '작가는 왜 이 책을 썼을까?'입니다. 모든 글에는 의도가 있습니다. 독서의 주체는 전적으로 독자에게 있다는 것이 사실입니다만, 그래도 저는 작가가 하려고 했던 이야기를 먼저 생각해 봅니다. 보통 책의 제목에는 작가가 하려는 이야기의 핵심이 다 들어 있습니다. 서문을 읽어 보면 거의 확실해지지요. 이를 감안하여 글을 읽다 보면 작가에게 혹은 나에게 더 쉽게 질문할 수 있습니다. 책을 모두 읽고 나서는 진짜 중요한 다음 질문을 합니다. '이제 내가 이러한 것들을 알았으니, 이것으로 나는 무엇을 해야 할까?' 이 질문은 신학자 스티븐 가버의 말입니다. 그는 "지식은 곧 책임을 뜻하며, 책임은 곧 보살핌을 뜻한다"라고 했습니다. 책을 읽음으로써 이전과 달라진 나는 책의 지식에 책임을 갖게 됩니다. 앞서 잠깐 언급했듯이 알고 있으면 행하기 마련이니까요. 보살핌은 강제로 하는 것이 아닙니다. 스스로의 책임감으로 하는 것입니다. 이 모든 것은 질문에서 시작됩니다.

신사愼思

신사는 신중히 생각하는 것입니다. 질문을 했으니 질문에 대한 답을 찾아야 하지요. 머릿속에서 스치듯 지나가는 답 말고 깊이 생각하여 내놓는 답이 필요합니다. 저는 책에서 얻은 질문의 답을 찾거나 일할 때 생기는 고민을 해결하기 위해 MECE 개념을 자주 사용합니다. MECE는 세계적인 컨설팅 그룹인 매킨지에서 사용하는 생각법입니다. 'Mutually Exclusive and Collectively Exhaustive'의 약자로, 서로 중복되지 않으면서 각각의 합이 전체를 이루는 개념입니다. MECE 개념에 '세 가지로 생각해 보기' 전략을 섞습니다. 무엇이든지 첫째, 둘째, 셋째로 이야기해 보는 것이지요. 예를 들어, 수도권의 교통 문제를 해결하기 위한 세 가지 방법을 찾아본다고 해 봅시다. 어떤 방법이 있을까요? 길을 넓힐 수도 있고, 10부제를 시행할 수도 있겠지요. 대중교통을 더 편리하게 만드는 것, 자동차 가격을 올리는 것도 방법이 될 것입니다. 그런데 이 방법들은 '인프라를 확대한다'와 '차량 수요를 줄인다'의 두 가지 큰 범위 안에 들어갑니다. 반짝이는 아이디어는 언제나 세 번째 답에서 나옵니다. 그런데 이 세 번째 답이 쉽게 잘 안 나와요. 신중하고 깊게 생각해야 합니다. 샤워할 때도 생각해 보고 잠들기 전에도 생각해 보고 하다 보면 번뜩, 세 번째 답이 생각납니다. '수도를 옮겨야 되겠구나'라고요.

질문에 답을 찾기 위해서 깊이 생각하는 시간이 필요합니다. 바로 생각난 답이라도 조금은 묵혀 보세요. 밤 사이 써 놓은 연애 편지를 아침에 읽으면 그 오글거림을 주체할 수 없듯이, 묵히지 않은 답은 맛이 없습니다. 조금만 더 신중히 생각하면 더 멋진 답을 찾을 수 있습니다.

(신중히 생각하는 것과는 조금 결이 다릅니다만) 좋은 답을 찾기 위해 무의식을 이용하는 방법도 있습니다. 우리 의식은 뇌에 저장된 정보 모두에 접근하지 못합니다. 그래서 바통을 무의식으로 넘깁니다. 무의식은 의식이 탐색하지 못하는 뇌 구석구석의 정보에 접근할 수 있습니다. 당연히 이 정보는 의식이 찾을 수 있는 정보보다 훨씬 다양하고 많은 정보입니다. 의식에서 무의식으로 바통을 넘기는 방법은 우리가 무의식적으로 할 수 있는 일들로 상황을 전환하는 것입니다. 예를 들어, 운전을 한다든지 샤워를 한다든지 잠을 잔다든지 하는 것입니다. 초보를 벗어난 운전자들은 손과 발이 거의 자동화되어 운전합니다. 엑셀을 밟아야지, 깜빡이를 넣어야지 등을 의식이 아닌 무의식 상태에서 진행합니다. 이렇게 무의식을 사용하다 보면 평소에 고민하던 것들이 활성화된 무의식의 길을 타고 불현듯 날아듭니다. 샤워할 때도 마찬가지예요. 머리를 감고 몸에 비누칠을 하고 물로 씻어 내는 일련의 행동은 무의식적으로 일어납니다. 운전할 때나 샤워할 때 좋은 아이디어가 많이 떠오르는 이유입니다. 꿈에서 정답을 찾는 것도 무의식의 일환입니다. 이때를 위해 메모 도구를 챙기세요. (요즘 휴대 전화는 방수도 잘 됩니다.) 단, 무의식이 작동할 때 답을 찾을 수 있도록 의식에 질문을 품고 있어야 합니다.

명변明辯

명변은 명확하게 분변한다는 뜻입니다. 명백히 말하다는 의미도 있습니다. 분변한다는 것은 비판적으로 생각한다는 것입니다. 옳고 그름을 따진다는 것이지요. 책을 통해 얻은 지식, 그리고 지식을 통해 솟아난 물음, 물음에 대한 책의 답과 나의 답. 이 답이 과연 세상 이치에 맞는지 다시 따져 보는 것입니다.

경계해야 할 것은 맹목적 수용입니다. 책에 적혀 있는 내용은 그 형식 때문에 모두가 그럴듯해 보입니다. 활자화된 문자의 권위 때문입니다. 그리고 저자는 독자가 모를 만한 내용들을 적어 놓기 때문에 이 내용을 처음 듣는 사람은 당연히 저자의 말이 모두 맞는 것처럼 들립니다. 하지만 (누구나 죽는다는 것을 제외하고) 세상에 절대 진리가 없듯이, 저자의 주장도 누구에게는 맞고 누구에게는 틀릴 수 있습니다. 상황이나 맥락에 따라서도 그렇습니다. 비판적 사고는 단순히 책의 오류를 찾아내는 것이 아닙니다. 책을 읽는 목적에 따라 스스로를 반성하는 자세를 말합니다. 그래서 독서를 시작할 때부터 책에 대한 목적의식이 있어야 합니다. 그 책을 읽는 이유가 있어야 한다는 말입니다. 그래야 중심을 잡고 책을 읽을 수 있습니다. 작가에게 휘둘리지 않을 수 있습니다. 가끔 베스트셀러인데도 읽고 나면 왜 베스트셀러인지 의문이 드는 책들이 있습니다. 이런 생각이 들었다면 그 책을 잘 읽었다는 뜻입니다. 나의 기준이 있다는 뜻이니까요.

책의 주장을 분변하는 것도 필요합니다만, 가끔은 내용을 분변하는 것도 필요합니다. 독서를 시작하는 분들은 보통 책을 처음부터 끝까지 모두 읽어야만 독서를 한 것으로 간주하는 경향이 있습니다. 하지만 필요에 따라 책에서 필요한 내용만 발췌해서 읽은 것도 좋은 방법입니다. 이미 아는 내용일 경우 다시 읽는 것이 비효율적인 경우도 많습니다. 우리의 시간은 소중하니까요.

독행(篤行)

독행은 성실하게 실천한다는 뜻입니다. 독행의 '독'자는 독서할 때의 '읽을 독(讀)' 자가 아닙니다. 한자 '篤'은 '도타울 독'입니다. '도탑다'라는 뜻과 함께 '진심이 깃들어 있다'라는 뜻을 가지고 있습니다. '도탑다'라는 말은 '서로의 관계에 사랑이나 인정이 많고 깊다'라는 뜻입니다. 책에 진심을 가지고 관계를 맺는 것이 독행입니다. 독행은 독서와 공부의 완성입니다. 사실 이것을 위해 책을 읽습니다. 독행이 없이는 책을 온전히 읽었다고 말할 수 없습니다. 하지만 책을 읽고 책에서 말한 대로 실천하는 사람은 극히 일부에 불과합니다. 저도 제가 읽은 책의 모든 내용을 삶에 반영해서 살지 못합니다. 만약 그랬다면 빌게이츠, 간디, 정약용을 능가하는 사람이 되고도 남았을 거에요. (그렇다고 제가 절대 이분들처럼 되지 말라는 법도 없지요. 저의 목표는 다시 살아 돌아온 정약용이 되는 거니까요. 유배를 한 번 가야 할까 봐요?)

2020년 기준 대한민국 성인 평균 독서량은 1년에 7.5권입니다. 한 달에 한 권이 한참 안됩니다. 그래서 책을 읽는 것만으로도 대한민국에서는 경쟁력을 가질 수 있습니다. 한 달에 한 권 읽으면 1년에 12권이니 아주 훌륭합니다. 그런데 단순 독서만으로는 '진짜' 경쟁력을 갖기에는 사실 부족합니다. 읽기에서만 그치면 그저 가벼운 영화 한 편 본 것과 크게 다르지 않습니다. 영화를 보고도 감동 받아 삶이 바뀌는 사례도 분명 있습니다. 한때 영화 〈비트〉를 보고 정우성이 되겠다고 일거수일투족 그를 따라했던 제 친구도 분명 삶이 바뀐 경우긴 합니다. 〈영웅본색〉의 주윤발 성냥개비는 또 말해 뭐 해요. 하지만 우리는 한 번 불사르고 삶이 끝나는 성냥개비가 아니잖아요. 더군다나 우리는 총으로 싸우지 않습니다. 머리로 싸워야지.

독행은 공부의 목적입니다. 이전 네 가지 단계는 독행을 하기 위한 사전 작업에 불과합니다. 그러나 독행까지 오기에 쉽지 않아 보입니다. 이 과정에서 가장 큰 걸림돌은 세번째 단계인 '신사'입니다. 깊이 생각하기. 현대인들이 가장 싫어하는 일입니다. 이 과정에서 막히면 마지막 독행까지 가 보지도 못합니다.

독서의 본질, '생각하기'

김병완 작가님은 『1시간에 1권 퀀텀 독서법』(청림출판)에서 이렇게 말합니다. "우리는 보는 것을 읽는 게 아니라 생각하는 것을 읽는다." 『우리는 언젠가 만난다』(웨일북)에서 저자 채사장도 독서에 관해 이렇게 말합니다. "독서를 위한 최소한의 조건은 한글이 아니라 선체험이다. 우리는 책에서 무언가를 배운다고 생각하지만, 실제로는 그 반대다. 우리가 앞서 체험한 경험이 책을 통해 정리되고 이해될 뿐이다." 여기서 공통적으로 하고자 하는 말은 독서의 본질인 '생각하기'입니다. 생텍쥐페리의『어린 왕자』는 독서가 생각하기라는 것의 대표적인 예입니다. 우리는 보통『어린 왕자』를 어린 시절에 읽습니다. 소위 말하는 필독서이기 때문입니다. 그리고 책장에 그대로 꽂아 두지요. 아이들에게는 '이거 유명한 책이야'라고 말할 뿐입니다. 하지만 그 이후로 이 책을 읽어 본 경험이 없다면, 이 책을 꼭 다시 읽어 보세요. 분명 어린 시절 읽었던 그『어린 왕자』가 아닐 것입니다. 왜냐하면 그동안의 체험이 우리 생각을 바꾸었고, 바뀐 생각으로 책을 다시 읽기 때문입니다. 이 (나도 모르는 사이에) 바뀐 생각은 책의 다른 면을 보게 합니다. 아마 지금 다시 읽으면 십중팔구 어린 왕자와 장미와의 대화가 예사롭지 않게 보일 것입니다. 원래『어린 왕자』는 사랑과 연애에 관한 책이니까요.

책을 읽는 것이 작가의 세계를 이해하는 것이고 이해의 전제가 독자의 선체험이라고 해도 가끔은 작가 너머의 세계를 보는 경우가 있습니다. 한 권의 책만으로는 그럴 수 없습니다. 앞서 말씀드렸던 것처럼 다독을 통해서, 책과 책을 연결하는 융합을 통해서 가능합니다. 이것을 거인의 어깨에 올라가는 것이라고 부릅니다. 아이작 뉴턴은 이런 말을 남겼습니다. "제가 더 멀리 보았다면 거인의 어깨 위에 올라 서 있었기 때문일 것입니다." 독서는 거인의 어깨 위로 올라가는 것입니다. 그런데 어깨 위로 올라가는 것 자체가 목적이 아닙니다. 거인의 어깨가 그저 신기하고 재미있을 수는 있습니다. 하지만 어깨 위로 올라간 목적을 잊으면 안됩니다. 멀리 보기. 이것이 독서의 본질인 '생각하기'입니다. 멀리 보지 않으면 거인의 어깨 위로 올라갈 필요가 없습니

"제가 더 멀리 보았다면 거인의 어깨 위에 올라 서 있었기 때문일 것입니다."

다. 인스타에 올릴 사진 한 장이 필요하다면 거인과의 셀카는 나름 멋져 보일지 모릅니다. 수많은 거인과의 만남이 즐겁습니다. 그것은 거인을 만나서가 아니라 거인의 어깨에서 지금껏 보지 못한 새로운 것을 볼 수 있기 때문입니다. 거인 사진을 찍어서 보여 주면 사람들의 관심을 받을지도 모릅니다. 더 좋은 것은 거인의 어깨 위에서 본 풍경들입니다. 그 생각들을 나누면 더 많은 사람과 관계를 갖게 될 것입니다. 그리고 그 관계가 진짜 관계입니다.

멀리 보았다면 분명 달라질 것입니다. 멀리 본다는 것은 일종의 '절정 경험(peak experience)'을 하는 것입니다. 절정 경험은 매슬로가 제시한 개념으로, 욕구 5단계인 자아실현 단계의 사람들이 가진 특성이기도 합니다. 사람들이 스스로 완전한 무언가의 일부라고 느끼면서 자신과 세상에 대해 자각하는 경험을 말하지요. 대자연을 보고 경외심이 든다든가, 악기를 무아지경으로 연주한다든가, 예술작품에 감동한다든가, 프로 선수가 의식하지 않고도 최고의 퍼포먼스를 내는 순간 등이 절정 경험입니다. 종교적 의식을 통해서도 절정 경험을 체험하기도 합니다. 이 절정 경험은 인간을 '업데이트'합니다. 그리고 이전의 나와 다른 나를 만듭니다. 달라진 나는 행동하게 됩니다. 태도가 달라집니다. 가치의 우선순위를 재배열합니다. 이것이 독행입니다. 독서를 통해 거인의 어깨에 올라가세요. 거인은 더 멀리 보게 해 주기도 하지만 목적지까지 더 빨리 우리를 데려다 줄 것입니다. 그것이 자신의 성장이든, 자녀의 변화든 간에요.

독서 방법에 대해 여기까지 읽으신 분이라면 독서를 너무 힘든 일로만 여길지도 모르겠습니다. 어쩌면 사기가 꺾였을지도 모르겠네요. 그래서 다른 독서법 한 가지를 소개해 드릴게요. 이 독서법은 초서법이나 일권오행 공부법과는 결이 다릅니다. 독서법이라기보다는 독서에 대한 태도에 관한 것입니다.

1000권 읽기의 기술 '경독經讀'

저는 1년에 아이들 책 포함해서 200권 넘는 책을 읽습니다. 더 많이 읽는 사람들도 있지만, 평균적으로 적지 않은 양입니다. 적게 잡아 200권만 잡아도 5년이면 천 권을 읽는 셈입니다. 실제로 '책 천 권 읽고 깨달은 삶의 비밀~' 같은 영상 클립을 우리는 자주 만날 수 있습니다. 책을 사진처럼 한 번에 찍어서 읽는 부러운 능력을 가진 분들이야 다독이 어려운 것은 아니나, 일반인들에게 천 권은 넘볼 수 없는 목표처럼 느껴집니다. 하지만 저는 누구나 이렇게 읽을 수 있다고 생각합니다. 비결은 경독經讀, 쉽게 말해 '날아가듯 읽기'입니다.

날아가듯 읽기란 마음 속에 한 문장이 자연스럽게 들어올 수 있도록 가볍게 날아가듯 책을 읽는 것입니다. 눈으로 소제목과 문단의 제일 첫 문장만을 골라서 읽다가 탁 꽂히는 부분에서 조금 자세히 읽고, 다시 문단 첫 문장만 날 듯이 훑는 방법입니다. 경독은 일종의 발췌독입니다. 자신의 느낌에 따라 눈으로 읽을 곳을 발췌하며 읽습니다. '책 내용 모두를 내 것으로 만들어 버리겠어!'라는 자세로 한 줄 한 줄 정독하는 것과는 대조되는 독서법입니다.

　사실 책 한 권을 정독했다고 하더라도 한 달 정도 지나면 그 내용이 잘 생각나지 않는 것이 사실입니다. 책이 강렬했다면 한 줄 정도는 기억하겠지요. 어차피 시간이 지나고 우리가 기억하는 것이 정독용 책이든 경독용 책이든 단 한 개로 똑같이 수렴한다면 굳이 시간을 많이 들여 정독할 필요가 없습니다. 이 부분에서 우리는 날아가듯 읽기, 경독의 의미를 찾을 수 있습니다. 한 가지 내용만 확실히 남길 수 있는 책을 아주 많이 읽는 것이 훨씬 유익하다는 말이지요.

　경독은 날 듯이 자유롭고 가볍게 읽어야 제맛을 찾을 수 있습니다. 하지만 아무리 날 듯이 읽는 경독이라도 막무가내로 읽는 것은 아닙니다. 경독을 잘하기 위해서는 나름의 규칙이 필요합니다. 우선 경독용 도서를 선택합니다. 가볍게 읽는다고 해서 『총,균,쇠』 같은 책을 고르면 안 됩니다. 소설도 경독용으로 적합하지 않습니다. 띄엄띄엄 읽을 수 있는 만만한 책을 골라야 합니다. 비문학 책 중에 적당히 얇은 것을 고르세요. '10대를 위한~', '청소년을 위한~'이라는 제목이 붙은 책을 추천합니다. 읽어 보면 결코 10대를 위한 책이 아니라는 것을 느낄 거에요. 여러 소주제로 나누어져 있는 사회과학, 인문학, 자기계발 책들이 좋습니다. 두 번째 규칙은 고정된 독서 시간을 확보하는 것입니다. 아무리 가볍게 읽더라도 물리적인 시간이 필요합니다. 그래서 독서 시간 확보가 필수입니다. 그렇다고 1시간씩 통으로 시간을 낼 필요는 없습니다. 일어나서 10분, 점심 시간에 10분, 자기 전에 10분, 이런 식으로 딱 10분이면 됩니다. 무겁지 않아야 실천하기 좋습니다. 이렇게 하루에 틈틈이 시간을 내어 한 시간 정도 읽으면 한 권을 읽을 수 있습니다. 세 번째는 책을 쌓아 놓는 것입니다. 하루에 한 권을 읽으려면 읽을 책이 이미 준비되어 있어야 합니다. 도서관에서 일주일 치를 모두 빌려옵니다. 그렇다고 딱 일곱 권만 빌려오지 않습니다. 열 권 정도는 빌려옵니다. 책을 들고 몇 장 읽었는데 '이건 아니다'라는 마음이 드는 책이 있거든요. 이럴 경우를 대비해서 넉넉하게 빌려 놓습니다. 책이 쌓여 있는 것을 보면 동기부여도 되고요. 마지막 규칙은 '한 줄 메모'입니다. 사실 이것이 가장 중요합니다. 경독의 목적이 '확실한 내용 한 가지'이기 때문입니다. 그래서 책을 다 읽고 반드시 메모를 합니다. 책 속의 한 문장이어도 좋고 책을 읽은 후 나의 통찰이어도 좋습니다. 메모장을 하나 만들어서 기록하세요. 경독의 핵심 또한 메모입니다.

저의 경우 서평 의뢰가 들어오는 책은 거의 경독합니다. 서평 자체가 목적인 경우가 많기 때문입니다. 더불어 새로운 책의 한 줄을 만난다는 기쁨이 있습니다. 십시일반, 이렇게 쌓인 한 줄이 나의 배경지식이 되고 새로운 변화를 이끕니다.

경독은 이전에 소개드렸던 초서나 일권오행과는 상당히 다른 태도입니다. 당연하지만 절대적으로 옳은 독서법은 없습니다. 읽는 책마다, 자신의 환경마다, 목적마다 다 다른 독서법이 필요합니다. 저도 목적에 따라 어떤 경우에는 초서를, 어떤 경우에는 경독을 합니다. 며칠에 걸쳐서 꼼꼼히 읽고 옮겨 적고 다시 보고 하는 책이 있는 반면, 내용은 반도 채 읽지 않고 저자가 주장하는 것만 취사해서 30분 만에 읽는 책들도 있습니다. 반복 독서가 천재들의 독서법이고 정독이 올바른 독서법이라고 학창시절부터 배웠던 터라, 저도 독서 방법에 완전히 자유롭지 못합니다. 그래도 한 가지 확실한 것은 세상에는 읽을 책이 매우 많다는 것입니다.

　독서는 뷔페에서 식사하는 것과 비슷합니다. 뷔페에 가면 저마다 음식을 먹는 방법이 다릅니다. 어떤 사람은 킹크랩만 공략합니다. 어떤 사람은 하나하나 조금씩 가져와서 먹어 보고 맛있었던 것을 다시 가져와 먹습니다. 저는 후자에 가깝습니다. 평소에 먹어 보지 못한 것들을 맛보는 시간으로 이용합니다. 작은 뷔페야 종류가 한정적이지만 큰 뷔페에 가면 한 번도 손대지 못한 음식이 있을 정도로 종류가 가지가지입니다. 한 접시를 먹든 열 접시를 먹든 괜찮습니다. 어떻게 먹든, 뷔페 사장님은 뭐라 하지 않습니다. 문제는 자신의 소화력입니다.
　도서관에는 뷔페에 차려진 음식보다 훨씬 다양하게 책들이 준비되어 있습니다. '책 먹는 여우'처럼 진짜 책을 먹을 수는 없지만 우리에겐 매우 다양한 선택권이 있습니다. 뷔페는 입장료가 있으니 본전 생각에서라도 충분히 먹으려고 합니다. 그런데 도서관은 뷔페보다 훨씬 많은 종류의 음식이 있는데다가 무료입니다. 얼마나 좋습니까. 제가 아이들을 매주 도서관에 데려가는 이유입니다. 무료 뷔페. (얘들아, 배터질 때까지 먹게 해 줄게!)

목표 설정과 환경 설정

사람들이 흔히 하는 독서에 관한 착각 중에 하나가 '책을 읽으면 똑똑해지고 지금 내 상황이 바뀌겠지'라는 생각입니다. 이 말이 틀린 것은 아니나 책을 읽는 모두에게 해당되는 것은 아닙니다. 독서에도 목표가 있어야 합니다. 무슨 일이든 목표가 있는 것과 목표가 없는 것에는 하늘과 땅의 차이만큼 결과 차이가 생깁니다. '다이어트를 하겠어!'라는 결심만 가지고는 다이어트를 할 수 없습니다. 성공하는 사람들에게는 언제나 구체적인 목표가 있습니다. 다이어트를 하겠다고 하면 더 구체적인 다이어트 목표와 그에 따른 계획이 수반되어야 합니다. 4주에 4kg 감량 목표, 그리고 이것을 달성하기 위한 하루하루의 계획이 있어야 합니다. '적게 먹고 운동하면 되지'가 아니라 하루에 점심한 끼, 스쿼트 100개, 러닝 30분, 자기 전에 스트레칭 같은 구체적인 행동 수칙이 필요합니다. 목표와 계획, 그리고 한 단계 더 필요한 것은 피드백입니다. 목표에 따른 계획을 잘 수행했는지 돌아보는 단계입니다. 이 과정에서 잘 하고 있음을 보상받거나 잘 못하고 있음에 대한 반성을 할 수 있습니다.

하버드 대학교에서 목표가 인생에 미치는 영향에 관한 25년 간의 종단 실험을 진행했습니다. 실험 대상은 지식 수준, 학력, 생활 환경 등 조건이 비슷한 청년들이었습니다. 이 중 27%는 목표가 없었고, 60%는 목표가 불분명했고, 10%는 분명하지만 단기적인 목표를 가졌으며, 단 3%의 사람만이 분명하면서도 장기적인 목표가 있었습니다. 25년 후이들을 다시 조사한 결과, 목표가 없었던 27%는 하층민으로, 목표가 불분명했던 60%는 대부분 중하층의 사회적 지위를 가졌습니다. 분명하지만 단기적 목표를 가졌던 사람들은 중상류층에서 볼 수 있었으며, 분명하면서도 장기적인 목표를 가지고 있던 3%는 자수성가하거나 사회에 영향을 주는 인물이 되었습니다. 이만큼 목표를 세우는 것은 매우 중요합니다. 독서도 마찬가지입니다. 여러분은 독서의 목표가 있나요? 독서는 남는 시간에 하는 것이 아닙니다. 취미 독서로는 목표가 없는 독서입니다. 목표가 없는 것은 배가 목적지 없이 바다를 떠도는 것과 같습니다. 목표가 없으면 그 무엇도 바뀌지 않습니다. 적어도 이 책을 읽고 있는 분이라면 '자녀 미래의 변화'라는 목표를 가지고 있을 텐데요, 이 목표를 위해서 독서 계획을 가지고 있어야 합니다.

목표를 위해 계획을 세우는 방법은 매우 다양합니다. 만다라트나 마인드맵 같은 계획 도구를 이용하는 것도 좋습니다. 형식도 다양하고 내용도 다양한 아이디어를 낼 수 있습니다. 독서 목표를 세울 때 하루에 100쪽 읽기 같은 분량 목표를 세워도 좋고, 책을 읽는 고정 시간을 별도로 두는 것도 좋습니다. 저의 경우는 사무실에 조금 일찍 출근해서 30분, 잠자리에 들기 전에 30분을 고정으로 떼어 놓습니다. 그리고 이동 중에는 무조건 책을 읽을 수 있도록 가방에 두 권 정도의 책을 항상 가지고 다닙니다. (이동은 가급적 지하철을 이용합니다.) 이런 식으로 읽어서 일주일에 제 책 두 권, 아이들과 함께 읽는 책 한 권을 읽고 리뷰하는 것을 목표로 삼습니다. 그리고 제가 독서하는 것의 보다 장기적인 목표는 정약용 선생님 따라하기입니다. 다양한 분야에서 성과를 내는 폴리매스가 되는 것이지요.

　독서 목표에는 다음의 네 가지를 고려해야 합니다. 첫째, 계획을 구체적으로 세워야 합니다. 애매모호하고 불확실한 목표는 애매모호하고 불확실한 계획을 만듭니다. 1주일에 책 한 권을 읽겠다는 목표보다는 하루에 100쪽을 읽겠다가 좋고, 하루에 100쪽을 읽겠다 보다는 아침에 일어나서 30쪽, 점심 먹고 30쪽, 자기 전에 40쪽이 더 좋습니다. 둘째, 기한을 정해야 합니다. 기한을 정해 놓지 않으면 마음이 해이해 집니다. 미루는 것은 인간이 에너지를 효율적으로 쓰기 위한 자연스러운 행동입니다. 그러니 확실한 계획 안에 마감 기한을 넣어 두어야 합니다. 셋째, 평가 가능해야 합니다. 독서는 읽었다, 못 읽었다로 간단히 평가할 수 있기도 하지만 단순히 독서 여부만으로 평가하기엔 독서의 목표를 이루는 데 부족함이 많습니다. 그래서 저는 리뷰 작성을 평가에 넣습니다. 적어도 내가 책을 통해 느낀 것을 남김으로써 단순히 읽는 독서가 아니라 쓰고 남기는 독서로 발전시킬 수 있기 때문입니다. 자신이 독서를 통해 변화된 부분이 있는가를 평가해 보는 것도 좋습니다. 넷째, 도전적이면서 실현 가능해야 합니다. 목표란 자고로 자신의 능력보다 조금 높게 잡는 것이 좋습니다. 그래야 스트레스가 생기기 때문입니다. 너무 쉽게 달성할 수 있는 목표에는 도전 의식이 생기지 않습니다. 그렇다고 너무 높은 목표는 포기해 버릴 가능성이 높습니다. 저에게 일주일에 아이들 책을 포함한 책 세 권은 쉽지 않지만 실현 가능한 목표입니다. 그래서 이것을 계속 유지하기 위해 노력합니다. 독서 목표가 없으면 독서 하층민으로 남습니다. 나에게, 타인에게, 그리고 아이들에게 영향력을 줄 수 있는 독서 상층민이 되려면 독서에 관해서 구체적인 목표를 세우는 것이 필요합니다.

독서의 목표가 정해지면 계획과 실천에 대한 피드백이 필수입니다. 그런데 문제는 계획, 실천, 피드백을 행동으로 옮기기까지 또 다른 어려움을 겪는다는 것입니다. 행동력은 모든 자기계발의 키입니다. 하지만 모든 사람의 행동력은 다릅니다. 아무리 '지금 당장 시작하세요'라고 해도 하는 사람과 하지 않는 사람이 나뉩니다. 저는 개인의 의지를 그다지 신뢰하지 않습니다. 의지만으로 이길 수 있는 유혹은 그리 많지 않습니다. 우선 이것을 인정해야 합니다. 그래서 필요한 것이 '환경 설정'입니다. 환경 설정이라고 적지만 더 적나라하게 말하면 유혹 제거라고도 할 수 있습니다. 독서 계획, 실천, 피드백을 방해하는 유혹으로부터 자유롭게 해 줄 환경을 만드는 것입니다.

독서를 위한 환경 설정은 크게 시간적 부분과 공간적 부분이 있습니다. 시간적 부분은 독서 시간을 우선 할당하는 것으로 어느 정도 해결할 수 있습니다. 가장 좋은 것은 새벽 시간을 이용하는 것입니다. 아무런 방해도 받지 않고 온전히 나만의 시간으로 집중할 수 있으니까요. 평소보다 한 시간 정도 빨리 일어나서 물 한 모금 마시고 바로 책상에 앉아 보세요. 독서를 하는 행위 자체도 좋지만 나를 위해 내가 시간을 내고 나에게 투자한다는 느낌만으로도 충분한 힐링이 됩니다. 개인의 신체 리듬 때문에 새벽 시간이 맞지 않는 분들에게는 제가 사용하는 특정 액션 전후에 독서 시간을 끼워 넣는 것이 효과적입니다. 직장이 있는 분이라면 업무 시작 전이나 퇴근 후 집에 들어가기 전에 차 안이나 까페에서 잠깐 책을 읽을 수 있습니다. 전업주부라면 아이들이 등교하고 나서 (일체의 집정리를 하기 전에) 바로 독서 시간을 갖는 것이 좋습니다. 집정리는 하다 보면 끝이 없잖아요. 급하지만 중요하지 않은 일과 급하지 않지만 중요한 일이 있을 경우 급한 일을 먼저 하면 안 됩니다. 중요한 일을 먼저 해야 합니다. 그래야 우리가 변화하고 성장하는 힘을 축적할 수 있습니다. 중요한 것을 먼저 하고 급한 일은 요령을 발휘해서 시간을 단축시키는 방법을 찾을 수 있습니다.

시간을 확보했다면 다음은 공간을 확보할 차례입니다. 공간을 확보하는 데 가장 중요한 부분은 어떻게 미디어와 거리를 둘 것인가 입니다. 책을 읽을 수 있는 물리적인 공간은 의외로 쉽게 발견할 수 있습니다. 두 손으로 책을 들 수 있는 공간이라면 지하철이든, 거실이든, 사무실이든 상관없습니다. 다만 책과 스마트폰으로 대표되는 미디어는 한 공간을 점유할 수 없다는 것을 인식해야 합니다. 책을 읽기 위해 도서관에 갈지라도 책상에 앉아 이어폰을 끼고 유튜브 쇼츠를 보고 있다면 도서관이라는 공간은 무의미해집니다. 견물생심. 실물을 보게 되면 그것에 욕심이 생기는 것은 당연한 일입니다. 그러니 독서 공간을 확보하기 위해 우리는 최대한 미디어 실물을 제거해야 합니다.

우선 거실에서 TV를 치워 보세요. 그리고 그 자리에 책장을 놓으세요. 가족이 모인다면, 식탁과 거실 둘 중 하나입니다. 요즘 식탁에서 가족들이 모두 모여 식사하기란 쉽지 않습니다. 그래서 가족은 주로 거실 공간을 이용해 소통합니다. TV는 이런 가족 소통을 단절시킵니다. 오랜만에 모인 가족이 TV만 보고 있는 광경은 그리 아름다워 보이지 않습니다. 게다가 요즘 초등학생만 되어도 자신들이 보고 싶은 영상물이 어른의 것과는 다르기 때문에 거실을 차지한 부모와 쉽게 분리됩니다. 부모님들도 TV보다는 스마트폰을 통해서 접하는 영상이 훨씬 많기도 하고요. 취학 전 아이이들에게 책육아를 시도하는 분들은 반드시 그래야 합니다. 거실을 독서 공간으로 만드는 이유는 독서하는 부모의 모습을 아이들에게 가장 효과적으로 보여 줄 수 있는 공간이기 때문입니다. 부모의 독서가 꼭 아이들에게 보여 주기 위함은 아닙니다만, 이왕이면 부모가 원하는 책 읽는 아이로 자라게 하기 위해서 책 읽는 부모가 되는 것, 그리고 책 읽는 모습을 보여 주는 것은 매우 중요합니다. 여러 증언에 따르면 아이들 나이가 어릴수록 부모가 책을 읽고 있을 때 아이가 자기 책을 들고 와 부모 곁에 앉아 책을 읽을 확률이 더 높아집니다. 큰 아이들은 바로 부모를 따라 책을 읽진 않지만 이 모습을 분명 눈에 넣어 둡니다. 그리고 무의식에 저장해 두지요. 그리고 언젠가 아이들이 책을 필요로 할 때 부모의 그 모습을 자연스럽게 떠올릴 것입니다.

　TV보다 더 골칫거리는 스마트폰입니다. 스마트폰 중독이 아니더라도, 스마트폰은 끊임없이 우리의 관심을 가져갑니다. 그래서 적어도 독서 시간만큼은 스마트폰으로부터 격리가 필요합니다. 저의 경우 집이나 사무실 같은 특정 장소에서 독서를 할 때 스마트폰을 무음으로 바꾸고 눈에 보이지 않는 곳, 그리고 바로 손을 뻗어 닿지 않는 거리에 놓아 둡니다. 단 30분 타이머를 맞춰 놓고 이 30분 동안은 전화도 카톡도 받지 않습니다. 저는 작은 회사를 운영하지만 이 30분 연락 단절로

비즈니스 상으로나 개인적으로나 손해를 본 적이 없습니다. 공식적인 9시 업무 시간 전 30분이기도 합니다. 30분 연락되지 않는다고 그렇게 큰일이 날 것은 없습니다. 휴대폰이 없던 시절, 저는 대학생 때인데요, 오히려 더 시간을 풍요롭게 쓸 수 있었습니다. 그러니 적어도 책을 읽는 시간만이라도 스마트폰 감옥에서 벗어나 보세요.

독서 다이어리를 적는 것도 좋은 환경 설정입니다. 'to read list'를 만들면 리스트에 체크를 하기 위해서라도 읽게 됩니다. 일종의 약속을 만드는 것이지요. 아이들의 독서록과 같습니다. 아이들에게 독서록을 쓰면 좋다는 것을 부모가 먼저 보여주면 교육 효과도 톡톡할 것입니다. 다이어리를 적으면 실행을 잘 할 수 있고 피드백을 하는 데에도 더 효과적입니다. 예를 들어 그날 읽은 양과 시간, 짧은 소감 등을 기록해 놓으면 독서 히스토리를 눈으로 확인할 수 있어서 독서 텐션을 더 잘 유지할 수 있습니다.

결국엔 실행력이 관건입니다. 실행력이 강한 사람은 책을 한 번만 읽어도 바로 삶에 적용해서 변화를 이루어낼 테지만 보통 사람들은 실행까지 못 가는 경우가 허다합니다. 그래서 반복해서 읽고 반복해서 쓰고 반복해서 보도록 환경을 만드는 것입니다. 변화를 위한 문구와 나의 다짐에 자꾸 노출시키는 것입니다. 그렇다면 이런 생각도 해 볼 수 있습니다. '강력한 한 방이 좋을까, 약하지만 지속적인 자극이 좋을까'라는 질문 말이지요. 저는 후자를 선호합니다. 이제부터 그 이야기를 해 보겠습니다.

더도 말고 덜도 말고 100권 읽기

'양질의 전환'은 독일 철학자 헤겔이 제시한 개념입니다. 일정한 양이 누적되면 어느 순간 질적인 비약이 일어난다는 뜻입니다. 퀀텀 점프입니다. 양질의 전환은 독서에서도 똑같이 적용됩니다. 김병완 작가님의 『48분 기적의 독서법』(미다스북스)에서도 작가님은 3년간 하루 48분의 자투리 시간을 활용하여 1,000권의 책을 읽으면 비약적으로 성장하고 삶이 달라질 것이라고 주장했습니다. 1,000권이면 분명 퀀텀 점프를 할 수 있을 것입니다. 그런데 독서를 시작하는 사람에게는 당장에 1,000권이라는 숫자에 기가 죽기도 합니다.

저는 독서를 시작하는 사람에게 권하는 다른 기준이 있습니다. 1,000권까지 가는 동안 구간 구간 작은 점프들이 있습니다. 그리고 가장 처음이자 가장 중요한 구간이 100권까지입니다. 일주일에 한 권씩 읽으면 2년의 시간이 필요하고, 조금 부지런히 읽어서 일주일에 두 권씩 읽으면 1년이면 됩니다. 1,000권에 비해서 매우 현실적인 목표가 되는 것이지요. 독서를 우물 파기에 비유한다면, 이 100권은 땅에 삽을 한 번씩 꽂아 보는 시기입니다. 삽을 이렇게도 잡아 보고 저렇게도 잡아 보고, 여기도 꽂아 보고 저기도 꽂아 보고 하는 때입니다. 삽질의 요령을 익히고 우물 위치를 잡아 보는 것이지요. 독서에 속도가 잘 안 나는 시기이기도 합니다. 하지만 이 100권을 넘기면 삽질 요령도 생기고 어디를 파야 할지 대략 감이 잡힙니다. 나의 독서 스타일, 관심 가는 분야, 작가 등이 이때 결정됩니다. 100권이 넘어가면 책에 대한 자신감이 생기고, 어떤 100권을 읽었느냐에 따라 달라지겠지만 웬만한 책들은 덤벼 볼 만하겠다는 생각이 들 것입니다. 책에 재미도 붙고 책과 책을 연결해서 읽을 수 있습니다. 그리고 이후 독서 계획을 어떻게 세워야겠다는 감을 잡을 수 있습니다. 그래서 우선 더도 말고 덜도 말고 100권 읽기를 해 보세요. 100권이 끝나면 분명 다음 길이 보일 것입니다.

우물을 깊게 파려면 우선 넓게 파기 시작해야 합니다. 독서에서는 이 말이 사람에 따라서 맞기도 하고 틀리기도 합니다. 성향과 기본적인 능력의 차이 때문입니다. 어느 정도 언어 능력이 있다면 다양한 분야에서 독서를 시작해도 무방합니다. 하지만 언어 능력이 낮다고 생각된다면 다양한 분야의 책보다 한 분야의 책을 우선 깊게 읽어 보는 것이 좋습니다. 이때는 땅을 파는 도구, 즉 언어 능력을 날카롭게 만드는 기간입니다. 우물을 팔 때 좋은 도구가 있으면 더 빨리 더 수월하게 작업을 할 수 있듯이, 언어 능력이 좋아지면 더 많은 책을 더 깊고 빠르게 읽어 낼 수 있습니다. 손으로 파는 우물과 중장비로 파는 우물은 완전히 다르니까요. 좋은 도구를 갖추고 나서 우물을 넓게 파도 절대 늦지 않습니다. 독서에서도 조바심은 멀리해야 할 항목입니다.

아이들의 책 선택은 무조건 '재미' 위주지만, 어른들은 달라야 합니다. 재미 외에 '목적'이 있으면 좋습니다. 성장, 변화, 관계, 지식, 태도 같은 것들 말이에요. 혹시 어떤 책을 읽어야 할지 모르겠다면 일단 베스트셀러 중에 하나를 고르세요. 그 책을 읽으면서 분명 다음 책에 대한 힌트를 얻을 수 있을 거예요. 책을 읽을 때 머리가 지끈지끈 아프다면 '뉴런들이 새로운 시냅스 연결을 만들고 있구나'라며 위안을 얻으세요. 이렇게 힘들게 얻어진 읽기 시냅스들은 결코 배신하지 않습니다. 책을 들 때마다 여러분들을 새로운 세상으로 더 빠르게 더 멀리 인도할 것입니다.

천재들의 독서법이 재독을 중심으로 한다고 하지만, 일반인에게 더 필요한 것은 다독입니다. 저변을 넓히는 것이 더 효과적입니다. 현대 사회에서는 양질의 정보가 정말 많기 때문입니다. 제가 아이와 자주 하는 게임 중에 '스플랜더'라는 것이 있습니다. 보석을 모아서 점수를 내는 게임입니다. 이 게임에서 점수를 모으는 방법은 크게 두 가지입니다. 하나는 한 가지 보석을 한꺼번에 많이 모아 점수가 높은 카드를 얻는 것입니다. 독서로 치면 한 책을 깊게 읽는 것입니다. 다른 방법은 여러 가지 보석을 골고루 모아 점수가 낮은 공짜 카드와 여러 가지 보석으로만 얻을 수 있는 특별 카드를 얻는 것입니다. 독서로 비유하면 다독으로 배경지식을 넓게 쌓는 것입니다. 실제 게임은 이 두 가지 방법의 균형을 잘 맞춰서 운에 따라 한 턴 차이로 이기기도 하고 지기도 합니다. 게임은 정해진 점수가 있기 때문에 승패가 아슬아슬하게 갈리지만, 독서는 정해진 점수가 무한대라서 결국 넓게 쌓기 시작하는 사람이 이깁니다. 단기간에 승부를 봐야 하는 입시나 자격증 시험이라면 같은 책을 읽고 또 읽어서 일정 높이까지 빨리 쌓는 것이 유리합니다. 하지만 인생은 마라톤입니다. 생각보다 오래 살아요. 저만해도 건강하게 최소 40년은 더 살아야 하는걸요.

모든 사람이 독서가 유익하다는 사실은 인정합니다. 그런데 독서를 하지 않는 것은 눈에 보이는 유익이 없어서입니다. 그래서 저는 이렇게 말하고 싶습니다. '독서를 하지 않는 것은 명백한 손해다!' 인간이 글을 발명한 이후로 인류 문명은 비약적으로 발전했습니다. 죽을 사람도 살려 내고 화성에 사람을 보내겠다고까지 하니까요. 이렇게 발전할 수 있었던 것은 책이라는 지식 전달 수단 덕분입니다. 위대한 사람의 이야기를 다음 위대한 사람이 손보고, 그 글을 다시 위대한 사람이 정리하고 발전시키는 과정을 거쳐 온 것이 현대의 책입니다. 우리는 모두 이러한 발전으로부터 간접적인 혜택을 받고 있습니다. 하지만 책을 직접 읽는다면 우리는 직접적인 혜택을 받을 수 있습니다. 꼭 고전을 읽어야 할 필요는 없습니다. 그 고전의 지혜들이 지금 출판되는 책들에 모두 녹아들어 있으니까요.

나만의 독서법

이번 장에서는 어른의 독서법에 관해서 이야기했습니다. 여러 가지 방법을 소개해 드렸지만 결국 필요한 것은 '나만의 독서법'입니다. 남들이 좋다고 하는 것을 시도해 보고 자신에게 적용시켜 보는 것은 좋은 시도입니다. 하지만 제일 좋은 것은 자신에게 꼭 맞는 맞춤옷을 입는 것이지요. 자꾸 입어 봐야 진짜 몸에 맞는 옷을 찾을 수 있습니다. 몸의 형태가 바뀌는 것처럼 자신만의 독서법 자체도 바뀝니다. 이 변화는 매우 자연스러운 것입니다. 그러니 독서 방식도 많이 시도해 보고 수많은 시행착오를 겪어 보기를 추천드립니다. 질보다 양이 우선이라고 말씀드리는 이유 중에 하나이기도 합니다.

저는 이렇게 읽습니다. 책 소장에 욕심이 있었던 과거에는 책을 꼭 사서 읽었습니다. (예능 프로그램에서 보았던, 정재승 박사님 댁에 있는 서재처럼 만드는 것이 제 꿈입니다.) 그런데 공간적 한계 때문에 현실적인 타협을 했습니다. 기본적으로 '모든 책은 도서관에서 빌려 읽는다, 그리고 세 번 이상 읽은 책은 구매한다'라고요. 도서관 책을 주로 읽는 저는 책에 낙서를 할 수 없습니다. 서평 협찬 받는 책도 많이 읽지만 이 책들은 모두 나눔을 하기 때문에 책에 줄을 긋지 않습니다. 또한 제 독서의 거의 절반이 지하철 안에서 이루어지기 때문에 메모를 할 수 있는 여건이 안 되기도 합니다. 그래서 저는 플래그를 적극 이용합니다. 줄을 긋는 대신 플래그를 붙입니다. 붙일까 말까 고민되면 일단 붙입니다.

책을 다 읽고 나서는 리뷰를 반드시 작성합니다. 읽기에서 그친 독서는 효용이 굉장히 떨어지기 때문입니다. 읽은 책에 대한 글을 써야 진짜 독서를 시작할 수 있습니다. 제 독서의 8할은 리뷰 작성에 있습니다. 리뷰를 쓰기 전에 플래그 붙인 곳만 다시 읽습니다. 그리고 메모할 것을 이때 정합니다. 주로 블로그에 옮겨 적습니다. 기억할 문장을 쓰고 제 느낌을 덧붙여 쓰기도 하고 기억하고 싶은 문장이 딱히 없을 때는 책 전체에 대한 감상을 씁니다. 리뷰를 작성할 때 가장 중요한 것은 질문하기입니다. 아이들과 책을 함께 읽을 때 하는 두 가지 질문(218쪽 참고) 외에 문장에서 얻을 수 있는 질문들을 만듭니다. 그리고 그 질문의 답을 찾는 것이 제 리뷰의 주축입니다. 책을 쓴 저자와 대화를 하는 것입니다. 한 책에서 한 가지의 질문을 얻었다면 그 책은 맡은 바 소임을 다한 것입니다. 여러 개의 질문을 얻었다면 대박책인 것이지요.

독서를 하는 거시적인 이유 외에 자기만의 미시적인 이유를 가지고 있으면 독서에 도움이 됩니다. 제가 책을 선택할 때 참고하는 저만의 독서 목적은 이렇습니다.

첫째, '자격을 얻기 위해서'입니다. 자격증을 따기 위해 책을 읽는다는 뜻은 당연히 아닙니다. 자녀 교육의 목적을 포함해서 우리가 자녀 교육에 대한 모든 종류의 의사결정을 할 때 대부분 불안감을 가집니다. 왜냐하면 해 보지 않은 일이기 때문입니다. 이번 생에 부모는 처음이니까요. 그래서 먼저 양육한 분들의 이야기를 참고하거나 교육전문가, 학원 등의 정보도 이용합니다. 하지만 다른 문제는 이렇게 얻어진 양육에 관한 정보가 지나치게 많다는 것입니다. 많은 만큼 서로 다른 의견들도 많습니다. 정보의 홍수는 자녀 교육 분야에서도 예외는 아닙니다. 자격을 얻는다는 것은 내 스스로 이런 정보를 판단할 수 있다는 뜻입니다. 판단의 능력이 곧 자격입니다. 게다가 아이들마다 성향과 환경이 모두 다르므로 내 아이에게 맞는 가장 좋은 정보는 남이 아니라 부모가 가장 잘 선택할 수 있습니다. 자격을 가진 사람은 외부 자극에 흔들리지 않습니다. 불안하지 않습니다. 기준을 알고 있기 때문입니다. 자녀 교육의 예를 들었지만 다른 분야에서도 모두 마찬가지입니다. 세상의 거의 모든 정보는 공개되어 있어서 책이나 영상으로 대부분 스스로 공부할 수 있습니다. 자격을 갖는 것은 주인됨입니다. 모르면 결코 주인이 될 수 없습니다.

둘째, '질문을 찾기 위해서'입니다. 인생은 답이 없는 질문들의 연속입니다. 학생 때는 문제집에 언제나 정답지가 붙어 있었으니 세상의 모든 문제는 답이 존재한다고 생각했습니다. 심지어 −1, 0, 1 과 같이 예쁜 답이 있을 거라고 생각했지요. 그러나 학교를 벗어나면 답하기 어려운 질문들이 쏟아집니다. 문제는 질문에 대한 고민을 하지 않는다는 것이에요. 출제 오류. 문제집을 풀 때 질문 자체에 관심을 가지는 것은 미친짓이었으니까요. 영화 〈이상한 나라의 수학자〉에서 학성(최민식 분)이 지우(김동휘 분)에게 수학을 알려 주면서 이런 말을 합니다. "틀린 질문에서는 옳은 답이 나올 수 없다." 틀린 질문에서 답을 찾았다면 당연히 맞는 답일 수 없습니다. 아니면 모순이 있겠지요. 우리가 접하는 많은 질문에 대해서 '이것은 과연 옳은 질문인가?'라는 기준 하나만 제시하더라도 탈락하는 많은 질문이 있을 것입니다. 예를 들어 '우리 아이는 왜 책을 안 읽을까?' 이것은 옳지 않은 질문입니다. 옳은 질문은 '어떻게 하면 아이가 책을 읽게 할 수 있을까?'입니다. 질문만 바꿨을 뿐인데 답에 대한 방향이 아이에게서 독서 환경으로 넘어갑니다. 그리고 아이와의 분쟁 없이 독서 환경을 재구성하는 것으로 문제를 해결해 나갈 수 있습니다. 독서는 좋은 질문을 제공해 주기도 하면서 동시에 좋은 질문을 찾을 수 있는 방법을 제시해 줍니다. 좋은 질문은 이미 답을 가지고 있습니다. 그러니 좋은 질문을 찾는 것이 곧 좋은 답을 찾는 것과 같습니다.

셋째, '내 안의 폴리매스 역량을 일깨우기 위해서'입니다. 책 전반부에 폴리매스에 대해서 말씀드렸습니다. 4차 산업 혁명 시대에는 폴리매스적 사고가 중요하다고요. 그리고 폴리매스가 되는 것이 나를 찾는 과정과 같다고도 말씀드렸습니다. 제가 말씀드리지 않은 것이 있습니다. 사실 저는 폴리매스입니다. 아, 저뿐만이 아니라 여러분도 모두 폴리매스입니다. 우리는 모두 폴리매스로 태어났습니다. 단지 그것을 발견하지 못했을 뿐입니다. 폴리매스는 만들어지는 것이 아닙니다. 이미 우리 안에 있는 폴리매스를 찾아서 발동시키면 됩니다. 아이들에게 부모로서 이런 말을 많이 합니다. "넌 뭐든지 할 수 있어. 너는 무한한 잠재력을 가진 아이야. 아빠는 너를 믿어." 이 말은 단순히 아이에게 자신감을 주려고 하는 말이 아닙니다. 우리 아이들은 정말 무한한 잠재력을 가지고 있습니다. 폴리매스이니까요. 여러분도 한때 무한한 잠재력을 가진 아이였습니다. 어른이 되면 그 잠재력이 없어져 버릴까요? 아니요, 없어졌다고 생각하는 것입니다. 없어졌다는 믿음이 실제로 잠재력을 사라지게 합니다. 그러니 어른인 우리가 해야 할 것은 내가 원래 폴리매스이고 여전히 무한한 잠재력을 가졌다고 믿는 것입니다. 그다음 할 것은 독서를 통해 폴리매스 역량을 일깨우고 삶에 적용시키는 것입니다.

독서하는 마음, 독서하는 방법

1 채움 마인드보다 성장 마인드를 가지세요.

2 메모식 초서법은 강력한 독서법입니다.

3 독서의 최종 목적은 삶에 적용시켜 행하는 것입니다.

4 독서는 읽는 것이 아니라 생각하는 것입니다.

5 독서가 너무 힘들다면 가볍게 읽는 경독을 추천합니다.
경독 역시 메모가 중요합니다. 가볍게 읽은 뒤 머리에
남는 한 줄이면 됩니다.

6 독서는 목표 설정과 환경 설정이 중요합니다.

7 일단 많이 읽으세요.

8 그리고 자신만의 독서법을 찾으세요.

Ⅲ

함께하는 독서

아빠서당 독서 교육

비인지능력과 동화 읽기

"한국의 학부모들은 방과 후 교육에 수천 달러를 쓰기도 한다.
하지만 한국이 국제 테스트에서 높은 성적을 거두면서 치르고
있는 현실적 대가는 이보다 훨씬 값비싸다. 경제협력개발기구
(OECD) 산업국을 통틀어 현재 한국의 자살률이 가장 높다."

'학교가 창의력을 죽인다'라는 제목으로 TED 최고 명강연에 꼽힌 켄

로빈슨의 저서 『아이의 미래를 바꾸는 학교혁명』에 나오는 문장입니다. 우리 뇌의 기능은 크게 인지영역과 비인지영역으로 나눌 수 있습니다. 심리학자들은 우리의 마음이 10% 정도의 인지영역과 반인지영역 그리고 90% 정도의 비인지영역으로 구성되어 있다고 합니다. 말씨, 표정, 태도, 지식처럼 겉으로 드러나는 행동 영역이 인지영역입니다. 사고력, 이해력, 지식, 문제 해결, 기억력 등이 이 영역에 속합니다. 인지영역은 수치로 평가할 수 있다는 특징이 있습니다. 아이들이 학교에서 배운 과목들은 수능으로 대표되는 테스트로 수치화하여 평가할 수 있습니다. 국어, 영어, 수학, 과학 등의 교과 문제 풀이는 대표적인 인지영역 평가입니다. 이 인지영역 평가에 매달린 결과가 위에서 언급된 자살률 1위입니다. 참으로 끔찍합니다.

사실 우리 삶에 영향을 미치는 능력 중에 인지영역의 능력들은 빙산의 일각에 불과합니다. 인지영역보다 훨씬 중요한 부분은 인지영역 아래 숨어 있는 빙산의 아랫부분, 비인지영역입니다. 이 비인지영역은 사람의 내면적 역량, 본능, 본성 같은 부분이라서 겉으로 잘 들어나지 않습니다. 성격이라는 이름으로 간접적인 확인만 가능합니다. 또 인지영역처럼 수치로 평가할 수 없다는 특징이 있습니다. 앤절라 더크워스가 쓴 『그릿』(비즈니스북스)이라는 책이 있습니다. 한 번쯤 들어보셨지요? 이 책은 스테디셀러로 지금도 여전히 많은 사람에게 회자되고 있습니다. 그만큼 중요하다는 말이겠지요. 우리말로 '끈기'로 번역되는 그릿은 대표적인 비인지영역의 능력입니다. 끈기 외에도 열정, 동기, 소통, 회복탄력성, 집념 등의 능력도 모두 비인지영역에 속합니다. 비

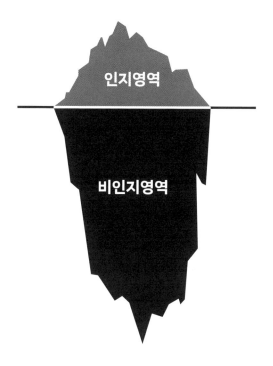

인지영역은 삶을 '살아가는 힘'을 의미함과 동시에 '인간력'을 나타내는 것입니다.

　예전에는 사람들이 머리 좋고 똑똑한, 즉 인지영역이 발달한 사람이 성취 역량도 높을 것으로 생각했습니다. 더불어 인지영역은 수치화할 수 있으니 공정성이라는 이름으로 학교에서 사용하기 적합합니다. 교육 개편안이 매년 논의되지만 수능을 폐지하지 못하는 이유가 이 공정성 때문입니다. 그러나 이제는 학자들뿐만 아니라 많은 사람이 인지영역보다 비인지영역이 개인의 성취 역량에 더 많은 영향을 미친다는 것을 알고 있습니다. 미국 경제학자 제임스 헤크먼 박사의 연구에 따르면, 인지영역과 비인지영역 사이에는 뚜렷한 상관관계가 없어서 둘 다 높을 수도, 둘 다 낮을 수도, 어느 하나만 높을 수도 있다고 합니다. 그리고 어떤 경우든 비인지능력이 인간의 성취력을 결정짓는 근본이라고 합니다.

회사에서 직원들을 보거나 다른 회사의 대표님들을 만나 직원들에 대한 이야기를 하다 보면 학력과 업무 능력이 상관관계가 전혀 없는 것은 아니지만, 그렇다고 일 잘하는 직원들이 높은 지식 수준을 갖추어서 일을 잘한다고 볼 수는 없다는 결론에 이릅니다. 왜냐하면 업무 성취도는 얼마나 많이 알고 있느냐로 결정되지 않기 때문입니다. 그보다는 위에서 말한 비인지능력과 절대적으로 비례합니다. 대기업에서 신입 공채를 줄이고 경력사원 채용을 늘리는 것을 보면 알 수 있습니다. 대학교 졸업 학점(인지영역)이 아니라 업무 평판(비인지영역)을 보고 직원을 뽑겠다는 의도입니다. 채용 시에 회사에서 시행하는 압박 면접이라는 것도 일종의 비인지영역 면접이라고 할 수 있습니다. 그런데 실제로 일해 보면 똑똑한 직원이 일도 잘하는 경우를 많이 봅니다. 인지영역과 비인지영역이 상관관계가 전혀 없다고 할 수 없는 이유이기도 한데요, 이는 비인지영역의 능력이 높은 아이들이 성적을 잘 받을 확률도 높기 때문입니다. 똑똑해서 일을 잘 하는 것이 아니라, 일을 잘하는 사람이라 공부도 잘한 것입니다.

『내 아이는 괜찮을까』(봄스윗봄)의 저자 김선호 선생님은 책에서 비인지영역으로 '자존감, 애착 능력, 신뢰감 형성, 자율성, 소통 능력,

유연성, 대인 관계력, 리더십, 사회성, 갈등 조정 능력, 회복 탄력성, 안정감, 자기 조절력, 윤리 지능, 정의로움, 용서, 성실성, 끈기, 책임감, 목적 의식, 계획 실행력, 스트레스 저항력, 메타인지, 창의성' 등을 소개하며 이러한 비인지영역이 낮으면 삶의 질을 떨어뜨리는 부작용이 나타나고 장기적으로는 공동체에서 문제를 발생시킬 수 있다고 말합니다. 그러니 반드시 갖추고 넘어가야 할 발달 단계의 중요한 요소들입니다.

비인지능력들은 몇 가지 특징이 있습니다. 우선, 비인지능력은 인지영역처럼 개념을 알면 바로 적용할 수 있는 것이 아닙니다. 더하기의 개념을 알면 응용 문제까지 바로 풀어 낼 수 있지만, 비인지능력은 양육자의 반복된 행동 패턴, 말투, 억양, 심리적 전이 등이 지속해서 오랜 시간 동안 영향을 주었을 때 형성됩니다. 그래서 학원에서는 비인지능력을 가르쳐 줄 수 없습니다. 비인지능력은 아이를 둘러싼 환경에 따라 결정됩니다. 당연히 부모의 역할이 가장 큽니다. 앞서 설명드린 '등육아'로 전수되는 능력인 것이지요. 다른 특징은 하나의 비인지능력이 독립적으로 존재하지 않는다는 것입니다. 비인지능력은 다른 비인지능력들과 거미줄처럼 연결되어 있습니다. 자존감 하나가 그 아이의 애착 능력, 자율성, 소통 능력, 사회성, 안정감 등으로 연결됩니다. 이는 장점이기도 하고 단점이기도 합니다. 하나를 가지면 거의 다 갖게 되고, 하나를 잃으면 거의 다 잃게 되니까요.

지식이 보편화되고 정보 공유가 활발해지면서 인지능력의 차별화가 상당 부분 와해되었습니다. 특히 챗GPT는 인공 지능이 인간의 한계에 도전한다는 것을 실감나게 보여 줍니다. 적어도 인지능력의 영역에서 말입니다. 그렇다면 인공 지능 시대에 인간이 인공 지능과 구분되는 것은 비인지능력의 영역일 수밖에 없습니다. 비인지능력은 인간에게서 인간으로 전수되는 특별한 능력이기 때문입니다.

비인지능력이 이렇게 중요하다면, 이것을 어떻게 개발할 수 있을까요? 핵심은 환경입니다. 특히 부모님이 만들어 준 환경입니다. 이 환경에 따라 아이들의 비인지능력이 개발될 것입니다. 그러니 가장 먼저 해야 될 것은 부모의 비인지능력을 확인하는 것입니다. 스스로 하기 힘들 수 있으므로 반려자와 함께 서로의 비인지능력에 대해 대화를 하는 것이 가장 좋습니다. 아이를 낳고 기를 동안 콩깍지가 적당히 벗겨져서 나름 객관적으로 상대를 바라볼 수 있는 시선이 생겼을 테니까요. 이때 중요한 것은 서로의 부족한 능력을 꼬집어서 싸움거리를 만드는 것이 아니라, 상대의 훌륭한 능력을 찾아내 그것을 강화시키는 방향으로 나가야 된다는 것입니다. 도무지 찾을 수 없다고요? 아니에요, 잘 찾아 보세요. 어느 한 구석 분명 슈퍼 파워를 지니고 있을 것입니다. 그리고 또 다행인 것은 부모가 두 명이라는 사실이에요. 그것도 아주 다른 성격과 능력을 지난 두 사람이요. 각자가 잘 하는 부분을 아이에게 전수해 준다는 생각으로 접근하면 됩니다. 나를 알고 상대를 알면 두려움이 없습니다. 부모로서, 나를 아는 것이 중요합니다.

비인지능력을 기르는 두 번째 방법은 '동화책 읽기'입니다. (동화책 얘기하려고 이렇게 멀리 왔네요.) 부모가 아이의 롤모델이라고는 해도 아이에게 알려 줄 수 있는 비인지능력에는 한계가 있습니다. 잘 못하는 부분도 많고요. 동화책을 선택한 이유는 가급적이면 아이가 어린 나이일 때 책을 접해야 하기 때문입니다. 비인지능력은 대부분 초등학교를 졸업하기 전에 완성됩니다. 학자에 따라서는 초등 입학 전에 이미 다 완성된다고도 합니다. 생각보다 빠르고, 일반적인 학습으로 만들어지는 것이 아니라서 부모님들에게는 약간 당황스러울 수도 있습니다. (초등학교를 졸업하고 나서는 비인지능력을 더 이상 개발할 수 없냐고 묻는다면 그건 또 아니라고 말씀드리겠지만, 어린 나이일수록 비인지영역을 교육하기 좋은 것은 분명합니다.) 동화책에 등장하는 다양한 인물들의 성격, 대화, 행동 패턴 들은 아이들에게 간접적으로 비인지능력이 어떻게 작용하는지 체험하게 해 줍니다. 또 여기서 중요한 것 하나. 아이들에게 동화책을 쥐어 주지 말고, 부모님이 아이를 무릎에 앉히고 읽어 주세요. 혹은 잠자리에 같이 누워서 봐도 좋습니다. 왜냐하면, '실감나게' 읽어 주어야 하니까요. 아이들이 상상하고 직접 체험한 것처럼 경험할 수 있게 말입니다. 수많은 이야기와 수많은 등장인물, 의인화된 동물들을 통해 자연스럽게 아이들의 비인지능력이 향상될 것입니다.

비인지능력 향상을 위해 하지 말아야 할 것도 하나 있습니다. 앞서 독서를 위한 환경 설정에서도 언급했던 디지털 미디어 기기 멀리하기입니다. 비인지능력은 관계와 접촉을 통해서 만들어집니다. 얼굴을 마주하고 이야기하며, 직접 만져보고 느끼는 직접적 교감이 중요합니다. 하지만 미디어 기기를 통한 교감은 진짜가 아니라 가짜입니다. 그러니 가급적, 정말 가능한 한 미루고 미룬 뒤에 아이들이 미디어 기기를 접하는 것이 좋습니다. 아이들이 스스로를 통제할 수 있는 능력을 단 하루만이라도 더 기른 후에요. 만약 노출이 시작되었다면 최소한의 시간으로만 해 주세요. 어쩔 수 없이 아이들에게 미디어 기기를 허용해야 한다면 매일 반복이 아니라 시간을 몰아서 허용하는 것이 좋습니다. 극단적으로 보일지 모르지만 매일 한 시간씩보다 주말에 다섯 시간을 허용하는 것이 미디어 중독을 회피하는 데 더 이롭습니다.

비인지영역의 능력들은 외부에서 주어지는 것이 아닙니다. 아이의 내부에 있는 능력을 싹틔우는 것입니다. 때론 부모의 등을 통해서, 때론 책으로 아이들은 비인지능력을 습득할 수 있습니다. 이렇게 얻어진 비인지능력은 인지능력을 습득하는 기초가 됩니다. 성실하고 끈기 있는 아이가 공부를 못할 수가 없습니다. 자기 조절력이 강하고 계획 실행력이 높은 아이가 당연히 좋은 성적을 거둡니다. 부모에게 아이의 학습을 위해서 공부하라는 잔소리가 아닌 아이와의 좋은 관계를 만들라는 것은 그냥 나온 말이 아닙니다. 좋은 관계를 통해 아이의 비인지능력을 높이는 것이 장기적으로 성적뿐만 아니라 사회에 나가서 직업을 가지고 맡은 일을 성취하는 데에 도움이 될 것입니다. 이것이 아이의 행복을 위해 해 줄 수 있는 기본 선물입니다.

문해력 향상을 위한 독서 교육

동화책 이야기를 했으니 이제는 이보다 고학년 아이들에 초점을 맞춰 문해력 이야기를 해 보려고 합니다. EBS 〈당신의 문해력〉 방송 이후 정말 많은 분이 문해력에 신경을 쓰고 있습니다. 심지어 문해력 학원이 생길 정도니까요. 문해력은 우리가 잘 아는 독해력에다가 자기 방식으로 표현하는 능력까지를 포함합니다. 쉽게 말해 일반적인 독서의 영역인 읽기를 넘어 듣기, 말하기, 쓰기까지를 아우르는 능력입니다. (그런데 문해력을 독해력하고 혼동해서 쓰는 곳이 많습니다. 글을 읽고 이해하는 것까지가 독해력인데, 이걸 문해력이라고 많이들 표현합니다. 온라인에서 '금일'이라는 단어를 금요일로 잘못 알았다는 이야기가 논란이 된 적이 있습니다. 이것은 문해력 부족이 아니라, 어휘력 부족으로 인한 독해력 미달입니다.)

문해력을 높이기 위해서는 단순히 독서를 많이 한다고 해결되지 않습니다. 문해력은 독서를 바탕으로 자신의 생각을 많이 표현해야 좋아지기 때문입니다. 수능 시험을 위한 것이라면 독해력만으로도 충분합니다. 수능에는 주관식이 없으니까요. 하지만 우리가 원하는 것은 시험 잘 보는 것에서 그치지 않잖아요. 문해력을 향상시키기 위해서는 반드시 쓰기를 병행해야 합니다. 독서법에서 메모의 중요성을 말했듯이 읽기와 쓰기의 조화가 중요합니다. 그리고 문해력을 얻기 위한 독서와 글쓰기 지도를 할 때 몇 가지 전제 조건이 있습니다.

독서를 시작하기 전에 교감이 먼저다

부모와 아이가 원활하게 대화할 수 있어야 한다는 것입니다. 한마디로 친해야 한다는 것이지요. 독서 교육은 감옥 안 죄수에게 사식 넣어 주듯이 책만 제공한다고 되는 것이 아닙니다. 전제 조건인데 참 어려운 조건임에 틀림없습니다. 특히 아빠들에게는 더 그렇지요. 하지만 부모가 아이에게 맞추어야 합니다. 교육은 부모의 지적 능력보다 감정 능력에 더 영향을 받습니다. 그러니 부디 (계속 말씀드리지만) 공부하라고 말하기 전에 아이들과 좋은 관계를 만드시기 바랍니다.

'왜 아이가 공부를 해야 하는가?'라는 질문에 답이 있어야 한다

한 가지 더 유념해야 할 것이 있습니다. 제가 1장에서 언급한 자녀 양육 목적의 연장선입니다. 정교한 공부법이나 학습 방법도 물론 중요하지만, 장기적인 관점에서 동기 부여가 먼저입니다. 학생의 본분은 공부이지만, 그 공부의 목적이 '대학 입시'인지 '어떻게 살아 가야 하는지에 대한 것'인지에 따라 모든 것이 달라질 것입니다. 더불어 아이의 성향에 따른 맞춤형 목표 설정도 중요합니다. 단기 목표에 잘 반응하는 아이, 장기 목표에 더 적합한 아이가 다르니, 동기부여의 정답은 아이들 안에 있고 부모는 그것을 잘 파악해야 합니다.

독서는 무조건 재미있어야 한다

부모의 마음은 아이가 고전소설과 함께 필수 비문학을 꼼꼼히 읽고 부록으로 독서평설 같은 잡지까지 완벽하게 소화하기를 원합니다. 하지만 이런 아이가 우리 아이일리 없음을 받아들여야 합니다! 절대 부모의 기준으로 좋은 책을 정하면 안 됩니다. 대신 아이에게는 원하는 책을 마음껏 선택할 수 있는 자유를 허락해야 합니다. 독서 편식도 괜찮고 자기 연령보다 수준 낮은 그림책도 괜찮습니다. 어떤 소재든 아이가 몰입의 경지에 푹 빠질 수 있다면 자기만의 독서 능력이 길러지고 그것이 성적으로도 반영될 것입니다. 한 분야의 고수가 되면 다른 분야도 일맥상통하는 방법을 쉽게 찾는 이치이지요.

함께 읽어야 한다

아이가 책을 읽을 때 청중이 아니라 스토리텔러로 참여하도록 하기 위해 부모의 적절한 질문이 필요합니다. 따라서 함께 읽는 부모가 되어야 합니다. 대화식 독서에는 부모의 독서습관이 필요한 것입니다. 그런데 독서가 습관화되어 있는 부모님이 사실 많지 않습니다. 그러니 아이와 함께 읽기도 쉽지 않지요. 올바른 독서 교육을 위해서는 부모의 노력이 꼭 필요합니다. 부모 노릇 하기 쉽지 않습니다. 하지만 세상에 공짜는 없습니다!

능동적인 독서가 꼭 필요하다

문해력을 향상시키려면 능동적 독서가 필요합니다. 비판적 읽기라고도 하지요. 아이들에게 요약을 시켜 보면 얼마나 능동적으로 읽었는지 알 수 있습니다. 그 차이는 '물리적 요약'과 '화학적 요약'으로 구분됩니다. 물리적 요약은 본문의 글을 단순히 편집해 놓은 것이고, 화학적 요약은 본인이 본문을 뜯고, 씹고, 맛보고, 완전히 소화해서 자신의 문장으로 표현한 것입니다. 이러한 화학적 요약이 가능한 능동적인 독서는 에너지가 많이 들어갑니다. 이것이 진짜 독서입니다. 저같은 경우 리뷰를 최대한 저의 생각과 버무려서 쓰려고 노력합니다. 확실히 잘 소화된 책에서는 제가 봐도 좋은 글이 나오고 오래도록 머리에 남습니다. 문해력은 글의 소화력인 것입니다.

이러한 전제 사항을 바탕으로 제가 하고 있는 독서 방법은 아이들과 퀴즈를 푸는 것입니다. 물론 단순히 퀴즈만 풀지는 않습니다. 이제 저의 독서퀴즈 이야기를 해 보겠습니다.

아이들과 소통하는 독서퀴즈

저는 중학생과 초등학생 남자아이 둘을 키우는 보통 아빠입니다. 첫째 아이가 초등 2학년 때 고민이 하나 있었습니다. 어릴 때부터 첫째 아이는 아내와 제가 책을 많이 읽어 주었던 터라 읽기 독립도 빨랐고 독서를 꽤나 즐겨 했는데, 문제는 책을 너무 빨리 읽는다는 것이었습니다. 저보다 적어도 두 배, 빠를 때는 세 배 정도 빨리 글을 읽었어요. 이런 고민을 하고 있을 때 첫째 아이의 문제를 해결해 보고자 최승필 선생님의 독서 코칭을 신청하게 되었습니다. 선생님께서 다음 스토리펀딩에서 책과 함께 독서코칭 프로그램을 진행 중이었을 때였습니다. 종로의 모임공간에서 두 시간짜리 강연도 해 주시고 (그때 아빠는 저 혼자 뿐이어서 조금 부끄러웠어요.) 첫째에 대한 전반적인 독서 능력을 검토해 주셨습니다. 첫째의 속독에 대한 고민을 코칭받을 때 처방받았던 것이 바로 '독서퀴즈'입니다. 독서퀴즈는 독후 활동의 일환입니다. 책에 대한 내용을 열 개 정도의 문제로 만들어, 아이가 책을 읽은 후 문제를 풀어 보게 하는 것입니다. 문제는 책만 읽었다면 다 맞출 수 있을 정도로 쉽게 냅니다. 독서퀴즈의 목적이 점수를 매기는 것이 아니라 아이들이 책을 얼마나 꼼꼼히 읽었는지 체크하는 것이기 때문입니다. 이 퀴즈에서 아홉 개 이상 맞춘다면 속독을 해도 내용을 잘 이해하고 있는 것이니 문제가 없다고 말씀해 주셨습니다. 현재 중학생인 첫째 아이는 지금도 책을 무척이나 빨리 읽습니다. 지금의 저에겐 아이의 속독이 그저 부러운 능력일 뿐입니다.

처음 독서퀴즈는 최승필 선생님이 추천해 준 책과 선생님이 제공해 준 퀴즈로 진행했지만, 코칭이 끝나고 나서는 당연히도 독서퀴즈를 계속 달라고 할 수 없었습니다. 아이는 독서퀴즈를 재미있어 했고, 이 활동을 통해 아이와 이야기하는 시간이 의미 있었습니다. 그래서 그때부터 제가 첫째의 독서퀴즈를 만들기 시작했어요. 최승필 선생님이 주셨던 퀴즈를 흉내내서 만들었지요. 독서퀴즈를 만들기 위해 당연히 제가 책을 읽을 수밖에 없었습니다. 한 권, 두 권 두렇게 독서퀴즈를 만들다 보니 지금은 200권 가까이 책을 함께 읽고 독서퀴즈를 만들었네요.

독서퀴즈를 계속 진행하면서 단순히 아이와 퀴즈만 푼 것은 아닙니다. 사실 퀴즈만 내면 활동 시간은 10분이면 충분합니다. 이 10분도 아이와 함께 독서 활동을 한다는 측면에서 매우 의미있습니다. 하지만 저는 기왕 활동을 하는 것이니 좀 더 재미있고 즐겁고 게다가 의미 있는 활동으로 만들고 싶은 욕심이 생겼습니다. 그래서 이런저런 장치들을 도입해서 논술 수업 형식을 만들었습니다. 아빠와 하는 논술 수업이지만 이름이 있으면 좋겠단 생각을 했습니다. 아빠와 공부하고, 책이 수업의 중심에 있으며, 주로 말(이라고 쓰고 '수다'라고 읽습니다만)로 진행되는 수업이니 예전의 서당과 비슷하다는 생각을 했습니다. 그래서 붙인 이름이 '아빠서당'입니다. (그렇다고 아이가 저를 훈장님이라고 부르진 않습니다. 너무 오글거린대요.)

타이틀은 서당이고 형식은 논술 수업이지만 제가 아이와 함께 하는 수업을 논술 내용으로만 채우지는 않습니다. 저희집도 저녁 식사를 한 식탁에서 온 가족이 함께하지 못 하는 경우가 많아서 가정 교육의 중요 부분을 이 시간에 할애합니다. 논술 수업을 가장한 전인 교육의 장입니다. 제가 직접 커리큘럼을 짜니 아이들의 수준에 맞는 책을 선정하고 때에 맞는 이슈를 연결시키는 것이 가능합니다.

앞에서 말씀드린 비인지영역 교육 중 일부를 아빠서당을 통해서 진행합니다. 학교에서 잘 배울 수 없으니 집에서 조금 더 신경 쓰는 것입니다. 이 영역들의 개념, 예시, 가치 등을 아이와 나눔으로써 보이지 않는 이 능력을 아이들이 마주했을 때 자기의 것으로 잘 흡수할 수 있게 준비하는 것입니다. 그래서 아빠서당의 가장 큰 목적은 아이들과의 소통입니다. 이야기를 나누는 것입니다. 대화는 등육아와 병행하여 교육의 효과를 배가시키는 역할을 합니다. 부모의 행동만으로 아이들이 정확히 캐치할 수 없었던 것들을 대화를 통해서 더 명확하게 인지시켜 주는 것이지요. 엄마 아빠가 왜 그런 행동을 했으며 그 행동이 어떤 의미가 있는 것인지 이야기해 주는 것입니다.

예를 들어 볼게요. 저희 집은 '기아대책'이라는 단체를 통해서 네팔의 한 아동을 매달 3만원씩 후원하고 있습니다. 후원의 형태만 보면 아이들이 생각하기에 그저 불쌍한 아이를 돕는 착한 행동 정도로만 볼 수 있습니다. 아빠서당 시간에 굶주리는 아이들에 대한 책 내용을 접하고 저희가 후원하는 아이에 대한 이야기를 나누었습니다. 토론에 대한 포인트는 '우리는 왜 우리나라에도 있는 불우한 아이들이 아니라 다른 나라에 있는 불우한 아이들을 돕는 것인지'였습니다. 도움이 필요한 사람들은 어느 곳에나 있습니다. 제가 외국 아이들을 후원하는 이유는 단지 그곳에 더 경제적 어려움을 겪는 아이가 있어서가 아닙니다. 후원을 받은 아이가 성장하여 더 많은 어려운 이웃을 도울 수 있는 가능성에 후원하는 것입니다. 한국에서도 후원이 가능하지만 3만원이라는 절대적인 금액으로 한국에서보다 네팔에서 훨씬 효용 가치가 높게 사용될 수 있기 때문에 국내가 아니라 해외에 후원을 하는 것입니다. 물론 이것도 개인마다 가치가 다를 수 있습니다. 아이들에게 저의 생각을 말해 주고 아이들의 생각을 듣습니다. 아이들은 그래도 외국 사람보다 우리나라 사람을 돕는 것이 더 좋을 것 같다고 말합니다. 그리고 국내에서 후원할 수 있는 단체나 다른 방법들을 찾아 봅니다. 검색을 하면서 저소득 가정뿐만 아니라 보육원 퇴소를 앞둔 아이들의 후원이나 생리대 후원 같은 다양한 도움이 필요한 곳을 알게 됩니다.

이런 종류의 소통뿐만 아니라, 서당이라는 이름으로 아이들과 함께하는 교육의 범위를 넓힐 수 있습니다. 예를 들어 저는 아빠서당 외에 과학서당, 음악서당, 미술서당을 함께 운영합니다. 이름만 다를 뿐 사실 하는 내용은 같습니다. 이때는 유튜브를 많이 이용합니다. 최근 큰 아이가 양자역학에 관심을 가지기 시작했습니다. 마술 같은 이야기에 끌렸나 봅니다. 그러면 유튜브에 올라온 양자역학 영상들을 보면서 같이 공부합니다. 때론 클래식 거장들의 음악을 들으면서 그동안 잘 떠오르지 않았던 곡과 이름을 알아보기도 하고, 디에고 벨라스케스의 〈시녀들〉이라는 작품을 보며 작품의 의미뿐만 아니라 전시회로도 많이 알려진 합스부르크 왕가에 대해서도 함께 이야기해 보는 식입니다. 다시 강조하지만 중요한 것은 지식의 전달이 아니라 아이와 함께 이야기를 나누는 것입니다.

서당, 소통을 위한 교육

서당은 조선 시대에 초등교육을 담당했던 사립 교육기관입니다. 주로 한자 교육을 했습니다. 서당을 거쳐 과거에 응시하기도 하고 성균관 등의 상급 기관에 올라가기 위한 과정으로 삼았습니다. 하지만 훈장 선생님이 지도했던 것은 비단 한자 뿐만은 아니었어요. 서당의 역할과 기능은 과거를 통한 사회적 진출의 기회가 강력히 제한되어 있었던 하류 계층의 교육적 욕구를 충족시켜 주었습니다. 즉 사회생활에 필요한 초보적인 문자와 지식을 배움으로써 일반 상식과 교양을 넓히고 인격을 갖출 수 있는 기능을 서당이 담당했지요. 이는 서당이 단순히 지식을 전달하는 것이 아니라, 유교사회가 요구하는 인격체를 교육하는 전인 교육적 역할을 했다는 것을 뜻합니다. (『조선왕조 아동교육』 중 권오석의 '서당교재에 관한 서지적 연구')

　　현대에는 의무 교육으로 학교에 다니지 않는 아이는 없지만, 저는 아이와의 수업을 통해 학교에서 알려 주지 않는 경험과 지식들을 이야기하고 싶었습니다. 가족의 해체가 일반화되고 있는 요즘, 외식을 하려고 식당에 가면 의아한 풍경을 자주 마주합니다. 옆테이블도 저희와 같은 4인 가족인데, 주문을 하고 식사가 나올 때까지 아빠, 엄마, 자녀 두 명 모두 각자의 스마트폰을 들고 그것에 열중하고 있었습니다. 식사가 나와도 크게 달라지는 것은 없습니다. 음식을 먹으면서도 그리 많은 대화를 하지 않습니다. 각자의 유튜브를 보거나 친구와 채팅으로 여념이 없습니다. 가끔 아주 어린 자녀가 있을 경우 가족의 평화로운 식사 시간을 위해 유튜브를 보여 주는 것은 어느 정도 이해할 수 있으나, 자기 통제가 가능한 만 5세 이상의 아이들조차 식사 시간에 참여하지 않는 모습을 보고 다소 충격을 받았습니다.

　　집에서 교육할 때 가장 효율적인 시간과 장소는 저녁 식사를 하는 식탁입니다. 식탁은 우선 가족이 함께 모이는 공간이고, 식탁에서 식사를 하는 즐거움이 사람을 행복한 상태로 만들어 주어 가족 구성원 각자가 긍정적인 태도를 가지고 있기 때문입니다. 이때 들은 이야기는 서로가 수용하기에 훨씬 용이합니다. 하지만 여러 가지 이유로 밥상머리 교육이 불가능한 가정도 많습니다. 함께 식사를 한다고 해도 아주 시간을 짧게 갖는 경우도 많지요. 그래서 제가 선택한 방법은 서당의 문화를 활용하는 것입니다.

서당이긴 하지만 구닥다리 이미지는 당연히 아닙니다. 아빠는 수염도 없고요, 회초리도 당연히 사용하지 않습니다. 김홍도의 유명한 그림 〈서당〉을 보면 회초리를 맞고 우는 아이의 장면이 있어요. 그런데 주위 아이들이 웃고 있는 것을 보면 이때의 상황이 다소 우수꽝스러웠던 것임을 짐작합니다. 부담 있는 시험이었으면 다른 아이들도 분명 긴장했을 테고 웃는 모습을 보이기 쉽지 않았을 것입니다. 훈장 선생님 왼쪽에 보이는 아이는 입을 가리고 있는 것으로 봐서 혼나고 있는 아이에게 컨닝할 수 있도록 답을 말해 주는 것 같습니다. 그런데 정작 훈장 선생님 표정이 좋지 않네요. 매맞은 학생이 안쓰러웠을까요? 김홍도의 〈서당〉은 서당이 그렇게 무섭고 재미없는 곳은 아니었음을 말해 주는 것 같습니다.

배우는 것은 자고로 재미가 있어야 합니다. 서당이라는 이름을 빌렸지만 아이와의 수업은 무엇보다 재미가 우선입니다. 그리고 부담이 없어야 해요. 형식은 갖추지만 그 형식이 아이들을 옭아매면 안 됩니다. 앞에서 말한 것처럼 부모서당에 한계란 없습니다. 목적은 오직 소통입니다. 아이들과 재미있게 이야기할 수 있다면 그걸로 족합니다.

제가 하는 서당 교육은 강의식 교육법과 하브루타 교육법 그리고 소크라테스식 대화법을 섞어 놓은 것입니다. 하브루타는 나이, 계급, 성별에 관계없이 두 명이 짝을 지어 서로 논쟁을 통해 진리를 찾는 것

김홍도 <서당> (출처 : 국립중앙박물관)

'서당이 단순히 지식을 전달하는 것이 아니라 유교사회가 요구하는 인격체를 교육하는
전인 교육적 역할을 했다'는 것을 말합니다.

을 의미합니다. 유대교 경전인 탈무드를 공부할 때 사용하는 방법이지만 이스라엘의 모든 교육과정에 적용되지요. 유대인들만의 독특한 교육법이긴 하지만 공부법이라기보다 토론 놀이라고 봐도 무방합니다. 유대인 부모나 교사는 학생이 궁금증을 느낄 때 부담 없이 질문할 수 있는 환경을 조성하고 함께 토론을 이어가지만 답을 가르쳐 주지 않습니다. 스스로 답을 찾을 수 있도록 유도만 하지요. 답을 찾는 과정을 통해 지식을 완벽하게 체득할 수 있고 새로운 해결법을 찾아 낼 수 있다는 것입니다. 하브루타의 또 다른 장점은 다양한 시각과 견해를 알게 된다는 것입니다. 하브루타를 하는 두 사람은 하나의 주제에 대해 찬성과 반대 의견을 동시에 경험하게 됩니다. 이를 통해 새로운 아이디어를 끌어낼 수 있습니다. 소크라테스식 대화법은 산파술이라고도 합니다. 계속된 질문을 통해 상대의 무지를 깨닫게 한다거나 좀 더 적극적으로 새로운 이론을 끌어내기 때문입니다. 저야 물론 소크라테스처럼 아이들의 무지를 유도할 의도는 전혀 없습니다. 하지만 꼬리에 꼬리를 무는 질문은 아이들이 생각에 생각을 거듭하게 하는 데에 매우 효과적입니다. 아이들은 질문에 괴로워하면서도 이런 질문을 의외로 즐깁니다.

서당 교육을 추천드리는 또 다른 이유는 아이들에게 '지도적 읽기'를 시킬 수 있기 때문입니다. 콩나물 선생님으로 알려진 전병규 선생님은 『문해력 수업』(알에이치코리아)에서 이렇게 말씀하셨습니다.

"아이들의 문해력을 단기간 가장 효과적으로 발전시킬 수 있는 방법은 바로 '지도적 읽기'입니다. 지도적 읽기는 읽기 지도 수준의 텍스트를 부모나 교사의 도움으로 읽고 이해하는 것입니다. (중략) 이는 현대 교육학에 가장 많은 영향을 미친 비고츠키의 이야기입니다. 그는 교육에서 가장 효과적인 지점을 아이의 현 수준보다 1단계 높은 수준이라고 하여 'i+1'이라고 말합니다. 아이가 혼자서 거머쥘 수 있는 것, 즉 독립적 읽기를 반복할 때보다 아이가 까치발을 들어도 손끝에 닿을락 말락 할 그 i+1 지점에 닿을 수 있도록 돕는 것, 즉 지도적 읽기를 할 때 문해력은 가장 빠르고 크고 효과적으로 발전할 수 있습니다."

'지도적 읽기'를 다시 표현하면 부모랑 함께 읽는 것입니다. 한 자리에서 함께 읽는 것이 제일 좋은 방법입니다만, 아이가 많이 커서 부모가 읽어 주는 것을 싫어한다면, 또 더 이상 그럴 필요가 없다면 그저 같은 책을 읽고 대화를 나누면 됩니다. 함께 읽어야 하는 이유는 부모가 아이의 수준(i)을 그 누구보다 잘 아는 사람이기 때문입니다. 아이들이 단순히 소리 읽기만 하는지 의미 읽기를 하는지 보면서 확인해 주고 의미를 확장시켜 줄 수 있는 최적의 담당자이기 때문입니다. 그래서 서당 교육의 핵심은 부모와 '함께 읽기'입니다.

전병규 선생님의 표현 중에 제가 굉장히 좋아하는 것이 있습니다. '읽기를 배우기'에서 '읽기로 배우기'로. 서당 교육의 궁극적인 목표이기도 합니다. 부모서당을 통해 독해력, 문해력을 높이는 작업을 하지만 결국 이 결과물로 아이들은 스스로 배우는 방법을 터득할 것입니다. 그리고 공부 독립을 하는 순간 하산을 하게 되겠지요. (저는 아이들과 맞짱 토론을 하는 것이 꿈입니다. '어쭈, 이것 봐라~'라는 말이 절로 나올 수 있게요. 그날이 빨리 오면 좋겠습니다.)

독서는 주고받아야 합니다

제가 말씀드리는 독서퀴즈 독서 교육법은 지금까지 부모님들께서 듣고 읽었던 그 어느 독서 교육법보다 도전적입니다. 보통의 독서 교육 주체는 아이들이었고 부모는 조력자의 위치에 있었지만, 제가 말씀드리는 '함께 읽기 독서 교육'은 부모가 주체이기 때문입니다. 네, 저도압니다. 이 말은 부모가 원하는 것과 완전히 반대된다는 것을요. 문해력 학원이 생길 만큼 아이들 교육을 거의 아웃소싱하고 있는 시대에 독서의 주체가 부모가 되어야 한다니, 이 무슨 읽던 책 덮을 만한 소리인가요. 하지만 저는 이 방법이 지금 공교육이 채우지 못한 부분(비인지능력 교육)뿐만 아니라 부모님들이 그토록 원하는 문해력 높은 아이로 키우는 데 더없이 좋은 방법이라고 주장합니다. 학교 성적이 올라가는 것은 덤입니다. 앞서 말씀드린 것처럼 비인지능력은 인지능력을 높여 주고, 문해력은 모든 교과에서 기본으로 요구되는 능력이기 때문입니다. 성적이 오르지 않을 수가 없습니다.

아이와 부모가 함께 읽는 것이 부모서당의 키입니다. 함께 읽어야 하는 이유는 부모가 아이와 이야기를 해야 하기 때문입니다. 부모서당의 백미는 북토크에 있습니다. 책을 읽고 그에 대하여 대화하는 것입니다. 일반적으로 독서의 아웃풋을 내는데 독서록이나 감상문 같은 글쓰기가 좋다고도 말합니다만, 저는 글쓰기 이전에 말하기가 우선되어야 한다고 생각합니다. 언어를 배울 때 쓰기보다 말하기를 먼저 배우듯이 독서의 결과물에서도 쓰기는 말하기가 완성된 후에 시작해도 절대 늦지 않습니다. 게다가 말하기는 쓰기보다 접근성이 훨씬 뛰어나고 심리적 부담감도 적습니다. 더 다양하고 풍부한 내용을 즉흥적으로 만들어낼 수도 있고, 방향의 전환도 매우 빠르다는 장점이 있습니다. 말하기가 익숙해지면 그 다음에 했던 말을 정리해서 글로 남기는 연습을 하면 됩니다.

그런데 북토크에서 가장 큰 문제는 아이가 혼자 대화를 할 수 없다는 것입니다. 혼자 자문자답할 수는 없으니까요. 그 역할을 부모가 해야 합니다. 책에 대해서 대화를 하려면 부모도 책을 읽어야겠지요? 너무 당연합니다. 제가 아이들 책을 함께 읽는 것은 단순히 독서퀴즈를 내기 위해서만이 아니라, 책 내용을 아이와 풍부하게 나누기 위함입니다. 책 내용을 전혀 모른다면 대화에 깊이가 없습니다. 재미도 없고요. 북토크를 위한 북토크로는 의미가 없습니다. 책을 읽을 시간이 없으신가요? 솔직히 요즘 아이들은 부모님들보다 더 바쁩니다. 초등 고학년이 되면 아이들 대부분이 학원을 다니기 시작하고, 학원 시간과 더불어 학원에서 내 주는 숙제를 한가득 안고 집으로 돌아와 그것들을 해치웁니다. 그 전에 아이들은 학교에 가지요. 아이들도 책 읽을 시간이 부족한 경우가 많아서 별도의 시간을 책정하라고 조언합니다. 마찬가지로, 설령 직장에 다니는 부모님이라도 시간이 없다는 것은 핑계입니다. 유튜브 시청 시간을 독서 시간으로 바꿔 보세요. 아이들 책은 분량이 적어서 마음만 먹으면 한 시간 내외로 거의 다 읽을 수 있습니다. (초등 고학년이나 중등 자녀의 책늠 2~3시간은 투자해야 합니다.)

개인적으로 제가 아이들과 함께 책을 읽는 별도의 이유가 있습니다. 전신영 선생님은 『초6의 독서는 달라야 합니다』(서사원)에서 다음과 같이 말했습니다.

"또 하나의 중요한 고민은 '어떻게 살아야 하는가?'라는
삶의 방향성에 대한 고민입니다. 권일한 선생님은 자신의 저서
『책벌레 선생님의 행복한 독서토론』에서 '동화는 어른을 아이들
세상으로 데려가서 당신은 제대로 어른이 되었느냐고 묻는다'라
고 했습니다. 사람은 살면서 수많은 가치 갈등 상황을 만나고
그때마다 어떤 선택이 옳은 것인가 생각합니다. 선택의 결과에
따라 괜찮은 어른이 되느냐 아니냐가 갈립니다."

아직 마음은 20대이지만 어른으로 살아야 할 아주 많은 이유가 있습니다. 좋은 어른이 되는 것은 좋은 '나'가 되는 것과 같습니다. 아이러니하게 아이와 대화하기 위해 읽은 책으로 인해 내가 변화되는 것을 느낍니다. 내가 바뀌니 아이들도 덩달아 바뀝니다. 아이들은 부모의 거울이니까요. 책은 원래 그런 것입니다. 그러니 책을 사랑하지 않을 수 없습니다. 원래 자신의 생각을 잘 말하거나 평소에도 좋은 질문을

통해서 아이들의 생각을 잘 이끌어 내는 부모님이라면 북토크에 문제가 없겠지만, 책을 읽고도 남는 게 없다고 말하는 아이들이나 북토크를 하려고 하니 다소 막막한 부모님들이 이용할 수 있는 방법으로 저는 부모서당 독서퀴즈를 추천합니다. 이제 그 방법에 대해서 구체적으로 이야기해 보겠습니다.

부모서당 운영 방법

부모서당의 목표

부모서당의 목표는 세 가지입니다. 첫째, '아이와 친해진다'입니다. 관계가 최우선입니다. 부모가 아이를 낳고 진하게 사랑할 시간은 아이가 대학에 들어가기 전까지 약 20년뿐입니다. 네, 20년이나가 아니라 20년뿐입니다. 하루하루 육아라는 이름이 몸도 마음도 힘들게 하지만 이렇게 몸을 부대끼며 사랑할 수 있는 시간이 정해져 있는 시한부 양육입니다. 더불어 부모로서 책임감도 이때 모두 쏟아 내야 합니다. 좋은 대학에 보내는 것만이 부모의 책임이 아닙니다. 책 전반부에 말씀드렸던 아이의 온전한 독립이 부모의 책임입니다. 자녀를 완전히 사랑해 주기 위함과 자녀를 온전히 독립시키기 위해서 공통으로 필요한 것이 아이와의 좋은 관계입니다. 좋은 관계에서 아이들의 비인지영역이 발달하고 훌륭한 시민으로서 활용할 소통 능력뿐 아니라 학업 능력까지 길러집니다. 거듭 말씀드리지만 자녀가 공부를 잘하기 바란다면 관계부터 좋게 만드는 것이 정석입니다.

아이들이 자라면서 아이들과 대화하기 힘들어하는 부모님이 많습니다. 특히 사춘기에 접어드는 초등 고학년부터 중학생 정도가 가장 심하더라고요. 고등학생이 되면 아이들의 공부 때문에 물리적 시간이 줄기도 합니다. 관계는 함께한 시간에 비례합니다. 단순히 한 지붕 아래에서 같이 산다고 시간을 보내는 것은 아닙니다. 스킨십을 하고 의미 있는 시간을 함께 보내면서 관계가 만들어집니다. 부모서당은 부모와 함께하는 독서논술이지만 그 이면에 숨어 있는 진짜 목적은 아이들과의 대화입니다. 식탁에서 흔히 물어 보는 "오늘 학교 어땠어?"라는 질문에 부모도 아이도 다소 질렸다면 함께 읽는 책이 좋은 대화의 소재가 되어 줄 것입니다. "아빠 주인공의 시대로 갔다면 장사를 했을 거야. 엄청 잘했을 텐데. 네 생각은 어때?" 관계에서 중요한 것은 공감대입니다. 책으로 이 공감대를 형성할 수 있습니다. 가끔 아이들이 읽어 보고 재미있는 책을 직접 건네 주기도 합니다. "아빠 이거 재미있어요. 읽어 보실래요?" 하면서요. 이때는 냅다 받아서 읽어야 합니다. 아이와 관계를 한번에 끌어올려 주지요. 그래서 꾸물거리거나 다음에 읽는다면서 치워 두면 안 됩니다. 가장 좋은 것은 하던 일을 멈추고 그 자리에서 바로 읽기 시작하는 것입니다. 그리고 책에 관한 부모의 느낌과 질문 하나를 아이에게 건네면 대성공입니다. 책육아에서 이보다 기쁜 일이 없을 정도입니다.

둘째, '아이의 문해력을 향상시킨다'입니다. 문해력은 독해력을 기본으로 합니다. 문해력은 독서만으로는 높일 수 없습니다. 또한 독서가 뒷받침되지 않는 문해력은 불가능합니다. 쓰기를 잘 하는 사람은 많이 읽습니다. 읽기가 우선입니다. 그 다음에 좋은 쓰기가 가능합니다. 깨 100g으로 참기름 100g을 만들겠다고 하면 미친 사람 취급 받습니다. 훨씬 많은 깨가 필요합니다. 넘치는 인풋이 그럴싸한 아웃풋을 만듭니다. 문해력의 핵심은 표현입니다. 그리고 표현의 핵심은 자신의 생각입니다. 책을 많이 읽지만 문해력이 높은 아이와 낮은 아이의 차이는 이 생각의 차이에서 나옵니다. 어떤 아이들은 읽고 생각하는 것이 자연스럽지만 그렇지 못한 아이도 있습니다. 문해력을 높이기 위해서는 읽기와 함께 생각하기가 병행되어야 합니다. 생각을 했는지 안 했는지는 그 생각을 표현하는 것으로밖에 알 수 없습니다. 표현의 방법은 두 가지입니다. 말하거나 쓰거나이지요. (그림이나 음악으로 또는 춤으로 표현하는 방법도 있습니다. 이 역시 훌륭한 방법이지만 일반 가정에서 부모가 지도하기에는 어려움이 있습니다.) 말을 잘 하는 것과 쓰는 것은 똑같이 표현의 방법이지만 기술적인 면에서 다릅니다. 당연히 쓰기가 더 어렵습니다. 그래서 아이들에게 쓰기 연습을 시키는 것입니다. 다행스럽게도 일반적인 쓰기는 연습으로 향상시킬 수 있습니다. 쓰면, 늡니다. 재능이 있어야만 할 수 있는 것이 아닙니다. (시나 소설과 같은 문학 작품의 경우 예외입니다.)

유시민 작가님의 『유시민 글쓰기 특강』(생각의길)에서 작가님은 글 잘 쓰는 법을 명확히 말합니다. '많이 읽고, 많이 써라.' 아주 단순하고 명쾌합니다. 작가님은 글쓰기가 운전하는 것과 같아서 몸으로 익히고 습관을 들여야 잘 쓸 수 있다고 합니다. 이 책에서 제가 가장 공감하면서 본 문장이 있습니다.

"글을 잘 쓰려면 왜 쓰는지 생각해야 한다. 다시 말하지만
글쓰기는 내면을 표현하는 행위다. 표현할 내면이 거칠고
황폐하면 좋은 글을 쓸 수 없다. 글을 써서 인정받고 존중받고
존경받고 싶다면 그에 어울리는 내면을 가져야 한다. 그런 내면
을 가지려면 그에 맞게 살아야 한다. 글은 '손으로 생각하는 것'
도 아니요, '머리로 쓰는 것'도 아니다. 글은 온몸으로, 삶 전체
로 쓰는 것이다. 논리적인 글쓰기를 잘하고 싶다면 그에 맞게
살아야 한다."

이 문장을 제가 좋아하는 이유는 부모서당의 세 번째 목표와 이어집니
다. 세 번째 목표는 '내가 누구인지 알아간다'입니다. 아이들의 독서라
고 해서 어른들의 것과 다를 이유는 없습니다. 어른들도 아이들도 자
신에게 필요한 책을 읽습니다. 자신의 세계만큼 책의 세계를 받아들이
고 즐거워할 수 있습니다. 세계의 크고 작음은 중요하지 않습니다. 그
저 다를 뿐입니다. 아이들도 하나의 세계입니다. 부모 세계의 일부분
이 아닙니다. 완전히 독립된 세계입니다. 아이들은 부모의 세계를 보
고 배웁니다.

　잘 사는 것을 우리는 갈망합니다. 잘 산다는 것이 무엇일까요? 그
것은 나답게 사는 것입니다. 우리가 살면서 느끼는 고통의 대부분은
나답지 못한 것에서 생깁니다. 나답지 못한 것을 하면 잘 하지도 못하

고 행복하지도 않습니다. 우리는 성공한 사람들의 인터뷰에서 '좋아하는 일을 하다 보니 성공했습니다'라는 내용을 꼭 보게 됩니다. 자기다운 것을 하는 것이 쉽고 빠르다는 말이 아닙니다. 성공한 사람 대부분이 역경이 있었고 이를 극복하기 위해 피나는 노력을 했습니다. 그러한 성공의 본질에는 자기다움이 있습니다. 이것을 그 사람의 '철학'이라고 부릅니다.

나답기 위해서는 내가 누구인지 알아야 합니다. 내가 누구인지 모르면 나다울 수 없는 것이 당연합니다. 내가 좋아하는 것, 내가 싫어하는 것, 내가 잘하는 것, 내가 못하는 것, 내가 원하는 것, 내가 존경하는 것 등과 더불어 내가 왜 사는지를 생각하는 것이 필요합니다. 온전한 독립은 타인의 시선이나 자극에 자유로울 수 있는 것입니다. 우리는 두 가지 중에 하나의 삶을 살게 됩니다. 생각하는 대로 살거나, 사는 대로 생각하거나. 아이들이 생각하는 삶을 살도록 돕는 것이 부모서당의 세 번째 목표입니다. 그렇다고 수업 중에 '넌 누구냐~'라고 물어보지는 않습니다. 자연스럽게 아이들이 자신의 모습을 찾아가도록 돕습니다. 더 정확히는 자기 안의 세상을 하나하나 새롭게 발견해 나가는 것이겠지요. 부모로서 그 모습을 보는 재미가 쏠쏠합니다.

그룹 만들기

'내용'과 '형식' 중에 어떤 것이 더 중요하다고 생각하나요? 답은, 당연히 '둘 다 중요하다'입니다. 하지만 나이가 어릴수록 '내용'이 중요하다고 생각하는 경향이 있습니다. 저희 아이들에게 물어 봐도 그래요. 아마 20~30대까지는 비슷하게 대답할 거라 생각합니다. 그런데 40대가 되면 대답의 양상이 달라집니다. 형식'도' 중요하다고 대답하기 시작하지요. 그 이유는 자기에게 부족한 부분을 더 중요하게 생각하기 때문입니다. 그리고 형식이 내용을 규정하는 예를 점점 더 많이 경험하기 때문이기도 합니다. 결혼식 축의금을 낼 때나 부모님께 용돈을 드릴 때 현금만 건네는 것이 아니라 봉투에 신경 쓰는 이유입니다. 그래서 나이가 들수록 젊었을 때 내용을 중요하게 생각했던 것과 달리 형식을 더 중요하게 생각하는 경우도 생깁니다. 형식을 다른 말로 바꾸면 '환경 설정'이 됩니다. 우리는 보통 집에서 공부를 잘 하지 않습니다. 집에서 하는 공부보다 집 외의 장소에서 하는 공부가 더 잘 되기 때문에 도서관이나 독서실에 가지요. 공부하는 나(내용)는 변하지 않았고 환경(형식)만 바꾸었을 뿐인데 완전히 다른 결과를 낳습니다. (남자들의 예비군 훈련도 비슷한 예가 됩니다. 평소에는 그렇게 단정하고 깔끔한 사람일 수 없는데, 예비군 훈련날에 군복만 입으면 왜 이리 껄렁하고 반항적으로 변하는지요. 그만큼 형식은 중요합니다.)

　　형식을 강조하는 이유는 아이와의 독서 모임을 지속적으로 유지하는 데 매우 중요하기 때문입니다. 독서 모임에서 형식을 갖추는 방법은 그룹을 만드는 것입니다. 많이 필요하지도 않고, 두 명 이상이면 됩니다. 아이와 친한 친구면 더 좋습니다. 그룹을 만들면 이런 점이 좋습니다. 첫째, 시간 약속을 잘 지킵니다. 아이의 친구가 합류하는 순간, 모임은 더 이상 가족의 사적인 시간이 아닙니다. 친구의 등장으로 공적인 시간이 되기 때문에 쉽사리 수업을 안 한다거나 변경하지 못합니다. 모임 시간이 다른 시간보다 우선순위가 되는 것입니다. 둘째, 책임감이 높아집니다. 정해진 책을 시간 안에 읽어야 하고, 독후감도 써야 합니다. 아이들을 학원에 보내는 이유 중에 모르는 것을 배우는 것 외에 학원에서 정해 준 숙제를 수행하는 것에 의미가 있는 것과 같습니다. 셋째, 모임 내용이 풍성해집니다. 독서 모임은 선생님이 일방적으로 강의하는 학원과 다릅니다. 주도는 선생님이 하지만 발제자와 비슷한 역할을 하고, 실제로 의견을 내고 토론하는 주체는 아이들입니다. 물론 선생님인 저도 의견을 내지만 아이의 관점과 어른의 관점을 그대로 비교하는 것이 무리일 때가 있습니다. 이러한 경우 친구의 의견을 듣고 비교해 보는 것이 매우 유익합니다.

이런 이유로 독서 모임을 할 때 꼭 그룹을 만들어 운영하기를 추천합니다. 그럼에도 아이가 부모와 단둘이 모임을 하는 것을 재미있어하고 잘 따라와 준다면 그룹을 하지 않아도 괜찮습니다. 저는 저희 둘째(초4)와는 일대일로 수업을 진행합니다. 다른 사람의 (엉뚱한) 의견을 들어볼 기회는 줄어들지만 서로의 이야기를 충분히 할 수 있어서 이 방식만의 장점이 있습니다.

수업 준비

수업은 주 1회를 진행합니다. 너무 잦으면 이것도 수업이라고 아이들이 싫어해요. 일주일 보다 간격이 넓어지면 맥이 끊기고요. 수업을 위해 아이들은 정해진 책을 읽고 읽은 책에 대한 독후감을 미리 씁니다. 독후감은 일종의 예습입니다. 수업을 더 재미있게 즐길 수 있는 기본입니다. 독후감을 쓰면서 아이들은 책에 대해 생각하는 시간을 갖습니다. 읽기만 하는 것과 글쓰기 같은 아웃풋을 내는 것은 독서 활동에서 하늘과 땅만큼의 차이를 만듭니다. 내용 이해의 차이도 있지만 책에 대해 더 애착을 가지게 됩니다. 사랑은 함께한 시간에 비례하는 법이니까요. 책을 읽고 느낀 감정이나 자신의 생각을 정리해 보면 그 책을 더 마음에 담을 수 있습니다. 책을 읽는 것(10%)에서 나아가 글을 쓰는 것(30%)까지 독서 활동을 끌어 올리고 수업에 참여하게 됩니다.

독후감을 쓸 때는 내용이나 형식의 구애를 두지 않습니다. 독후감을 쓸 때 심리적 부담을 느끼기 시작하면 수업 자체가 재미없기 때문입니다. 책에 따라서 어떨 때는 대여섯 줄에 끝나기도 하고 어떨 때는 한 장을 족히 넘겨 독후감을 쓰기도 합니다. 어떨 때는 편지를 쓰기도 하고 어떨 때는 설명문을 쓰기도 합니다. 자기 마음대로입니다. 독후감 대회에 나갈 것도 아니고 독후감은 예습이 목적이기 때문에 그렇게 비중을 두지 않습니다.

아이들이 책을 읽고 독후감을 쓸 동안 부모도 똑같이 책을 읽고 문제를 만듭니다. 문제는 총 열 문제입니다. 이 중 아홉 문제는 아이들이 책을 꼼꼼히 잘 읽었는지 파악하는 목적입니다. 더불어 책 내용 중에 핵심적인 내용을 문제로 내기도 합니다. 아이들이 이건 꼭 기억했으면 좋겠다 싶은 부분이요. 문제를 내면서 읽으면 부모도 그냥 책 읽을 때와는 완전히 다른 방식으로 독서를 하게 됩니다. 문제를 내야 하니 무엇이 중요한지 의식하며 읽게 됩니다. 에너지는 더 들지만 그만큼 꼼꼼히 읽게 되고 평소라면 보지 못하거나 생각하지 못했을 작가의 의도와 생각들을 더 잘 파악할 수 있게 됩니다. 아이들 책이라고 절대 우습게 보면 안 됩니다. 학년마다 분량이나 깊이가 다르지만 어떤 책들은 과연 이것이 아이들을 위한 책일까라는 생각이 드는 것들도 있습니다. 대표적으로 21회 문학동네어린이문학상 대상을 수상한 이루 작가님의 『긴긴밤』은 필시 부모들을 위한 책입니다. 이 책을 읽고 눈물 짓지 않을 부모님은 결코 없을 것입니다. 제12회 창비청소년문학상을 수상한 이희영 작가님의 『페인트』라는 책도 결코 만만치 않습니다. 부모로서 아이들과의 관계를 다시금 돌아보게 하는 귀한 책입니다.

아홉 개의 문제를 만들었다면 독서퀴즈의 하이라이트인 '10번 문제'를 내야 합니다. 10번 문제는 책을 읽었다고 바로 답을 맞출 수 있는 문제가 아닙니다. 정답이 없는 문제입니다. 쉽게 말해 논술 문제지요. 이전 아홉 개의 문제는 이 10번 문제의 들러리입니다. 10번 문제를 내는 두 가지 이유가 있습니다. 하나는 지금 아이들이 어떤 생각을 하며 생활하고 있는지 엿보기 위함입니다. 평소 말로 물어보면 대답을 잘 하지 않거나 부모가 듣기 좋아할 것 같은 대답을 할 물음들입니다. 말로 물어보면 대답을 잘 안 하지만 문제 형식으로 물어보면 답을 쓰기 위해서 순순히 자기 생각을 내놓습니다. 다른 하나는 독서를 통해 질문하고 생각하는 연습을 시키기 위해서입니다. 아이들의 독서는 네 단계를 거쳐야 합니다. 첫째 글을 읽고, 둘째 글을 이해하고, 셋째 글을 생각하고, 넷째 생각을 표현하는 것입니다. 대부분의 아이들 독서는 첫째나 둘째에서 그칩니다. 진짜 독서를 하기 위해 셋째와 넷째의 과정을 연습하는 것입니다.

수업 방식

수업의 종류에는 세 가지가 있습니다. 첫째는 수업, '授業'입니다. 보통 사용하는 그 수업입니다. '선생님이 수업하신다'라고 할 때 쓰는 수업이죠. 가르침을 주는 것입니다. 둘째는 수업, '受業'입니다. '프랑스에서 대가에게 수업했다'라고 할 때 씁니다. 가르침을 받는 것이지요. 마지막으로 수업, '修業'입니다. '닦을 수(修)'를 씁니다. 주거나 받는 단방향이 아니라 주고받고 익히는 양방향 가르침입니다. 부모서당의 지향점은 세 번째 수업, '修業'에 있습니다. 학원에서처럼 부모의 지식을 아이들에게 전달해 주는 것이 아니라 아이들이 적극적으로 자기의 생각과 의견을 낼 수 있게 하는 것이 중요합니다.

아이들은 멍석을 깔아 놓아도 자기 이야기를 잘 안 합니다. 어쩌면 못하는 것일 수도 있습니다. 아는 것이 부족하고 생각하는 걸 그다지 좋아하지 않으니까요. 그래서 질문이 필요합니다. 책 내용을 바탕으로 한 아홉 개의 퀴즈는 아이들의 질문 저항감을 없애는 데 효과적입니다. 쉽게 답할 수 있기 때문입니다. 쉬운 답을 말하게 한 다음에 조금 생각하게 하는 질문을 하면 아이들이 순순히 잘 따라옵니다. 생각해 볼까 말까 망설이는 것이 눈에 보이기도 하지만, '까짓것'하면서 생각을 해 보는 경험을 합니다.

수업할 때 제가 중점을 두는 또 다른 것은 아이들에게 배경지식을 전달하는 것입니다. 아이들의 독해력은 다음의 세 가지 기둥 위에서 만들어집니다. '어휘력', '배경지식', '사고력'. 그래서 독해력은 많이 읽어 본 자를 따라갈 수가 없습니다. 어휘력은 독서를 통해서 자연스럽게 얻어지지만 배경지식은 지식의 종류라 어느 정도 기계적인 인풋이 가능합니다. 그래서 수업 시간에 책 자체에 대한 배경지식뿐 아니라 책 속에 나오는 내용에 대해서도 퀴즈를 풀면서 부연 설명을 해 줍니다. 사고력은 생각하는 힘입니다. '왜?'라는 질문에 답해 보는 것입니다. 정답이 없는 10번 문제의 목표입니다.

10번 문제는 쓰기 문제입니다. 자신의 생각과 의견을 글로 써야 합니다. 말로도 충분히 얘기할 수 있지만 말하는 것과 글로 쓰는 것은 분명한 차이가 있습니다. 훨씬 정리되고 정제되니까요. 처음부터 쓰기를 어려워하면 일단 말로 해 보라고 하고 그것을 다시 쓰도록 유도합니다. 그러면 아이들이 자기가 말한 것을 다시 정리해서 잘 써 냅니다. 쓴 답에 대해서는 절대 평가하지 않습니다. '너는 이런 생각을 했구나~', '이런 의견도 좋네~'라며 격려해 줍니다. 잘 쓰고 못 쓰고는 아이들 스스로도 잘 알고 있습니다. 그러니 굳이 부모가 뭐라고 안 해도 됩니다. 그저 쓰는 것에 대한 거부감을 없애고 생각을 글로 풀어내는 연습을 하는 것만으로도 충분합니다.

문제를 내고 아이들에게 답을 듣고 부연 설명을 해 주고 다시 아이들의 질문을 받고 하다 보면 수업은 자연스럽게 수다의 장이 됩니다. 그러면 그날은 대성공입니다. 어떤 날은 도대체 아이들이 입을 열지 않는 날도 있어요. 주제가 그다지 와닿지 않는다거나 책이 재미있지 않았다거나 한 날입니다. 그러면 그날은 원래 책은 버리고 그냥 학교 이야기나 친구 이야기 등으로 수업을 채웁니다. 이때는 부모의 경험담을 말해 주는 것이 제일 좋습니다. 아이들도 엄마 아빠의 어린 시절 이야기를 매우 좋아하기도 하지만, 엄마 아빠는 그 이야기를 적당히 각색해서 부모가 원하는 스토리를 자연스럽게 아이들에게 전달할 수 있기 때문입니다. 자꾸 아이들에게 말해 주다 보면 자연스럽게 책의 주제로 이어붙이기도 가능합니다. 그러면 아이들도 부모의 의도를 눈치 채고 같이 웃어 줍니다.

부모서당 핵심 질문

아이들과 수업을 할 때 항상 하는 두 가지 질문이 있습니다. 제가 생각하는 어른 독서의 핵심이기도 합니다. 이 두 질문은 수업에서 항상 빠트리지 않습니다. 그래서 아이들은 제가 이 질문을 할 것을 미리 알고 준비합니다. 책을 읽을 때도 염두에 두는 것은 당연하겠지요. 하도 얘기해서 그런지 이제는 아이들이 제가 얘기하기도 전에 자문자답하는 경우도 있어요. 물론 답에 자신감이 있는 경우에 한합니다. 그만큼 제가 서당 수업에서 강조하는 부분입니다.

첫 번재 질문은 '작가는 이 책을 왜 썼을까?'입니다. '이 책의 주제가 뭐야?'라고 물어보지 않습니다. '작가는 이 책을 왜 썼을까?'라고 물어봅니다. 목적은 같지만 형식을 달리해서 아이들이 훨씬 자유롭게 생각할 수 있게 하기 위함입니다. 주제라고 하면 뭔가 시험 보는 느낌이 잖아요? 하지만 작가가 이 책을 쓴 이유가 뭘까라고 물어보면 아이들은 작가의 입장에서 생각할 수 있는 기회를 얻게 됩니다. 같은 질문이라도 방식에 따라 다른 결과를 가져옵니다. 일기를 제외한 모든 글에는 목적이 있습니다. 장르에 상관없이 작가는 목적을 가지고 글을 씁니다. 이것을 알아채는 것이 무엇보다 우선입니다. 이것은 자신이 느낀 것과는 별개입니다. 작가가 말하고자 하는 의도를 찾는 것이 중요합니다. 책을 쓰는 것은 작가의 몫이고 책을 읽고 느끼는 것은 독자의 몫이긴 합니다. 하지만 기본적인 독해 없이 문해 단계로 진행하는 것은 부적절합니다. 국어 교과에도 도움이 되지 않습니다. 그래서 반드시 글의 주제를 찾습니다. 주제가 A라고 하면 아이들의 답은 둘 중 하나여야 합니다. "작가는 A라고 말하는 것 같아. 나도 여기에 공감해" 아니면 "작가가 A를 말하고 있지만 나는 B라고 생각해"입니다. A 주제에 대한 언급 없이 무작정 "나는 이 책을 읽고 B를 느꼈어"라고 하면 안 됩니다. 아이들과의 소통에서 공감이 우선인 것과 같은 이치입니다.

두 번째 질문은 '이 책을 읽기 전과 후의 나는 어떻게 다른가'입니다. 취미 독서라면 굳이 책을 내 삶 속에 넣을 필요는 없습니다. 책이 단순한 유희의 도구라면 말이지요. 하지만 책을 삶의 동반자로 생각한다면 이 책에 의미를 부여해야 합니다. 의미라고 해서 거창할 필요는 없습니다. 책 속 한 문장을 찾아서 가슴에 품어도 좋고, 태도를 바꿔도 좋고, 새로운 지식 탑재도 좋습니다. 오랫동안 생각할 수 있는 질문을 찾았다면 더할 나위 없이 좋습니다. 책을 읽기 전과 읽은 후의 나를 구분할 수 있다는 것은 새로운 나를 발견했다는 뜻입니다. 이렇게 조금씩 독서를 통해 새로운 나를 발견해 나갈 수 있습니다.

솔직히 말해서 매주 읽는 책에서 이런 작용이 일어나길 바라는 것은 아닙니다. 당연히 서로 대화는 이렇게 합니다. 하지만 진짜 마음속에서 불꽃이 튀는 책을 찾아내기란 여간 어려운 게 아닙니다. 부모인

책을 읽기 전과 읽은 후의 나를 구분 할 수 있다는 것은
새로운 나를 발견했다는 뜻입니다.

어른들도 책을 많이 읽지만 읽기 전과 읽은 후가 바뀌었다는 느낌이 그다지 없는 것과 다르지 않습니다. 흔히 말하는 인생책을 만나기 전까지 말이지요. 그래도 아이들에게 계속 같은 질문을 하는 것은, 언젠가 만나게 될 자신의 인생책을 마주했을 때 이 질문을 자연스럽게 던질 수 있게 하기 위함입니다. 자신이 누구인지 더욱 선명하게 알게 되는 때 말이지요.

부모서당 독서 교육

1 학업과 사회생활의 핵심이라고 할 수 있는 비인지능력을 높이기 위해 동화 읽기를 많이 해 주세요.

2 문해력 향상을 위한 독서 교육의 기본 조건은 다음과 같습니다.

- 독서를 시작하기 전에 교감이 먼저다.
- 부모는 '왜 아이가 공부를 해야 하는가?'라는 질문에 답을 가지고 있어야 합니다.
- 독서는 무조건 재미있어야 합니다.
- 함께 읽기가 필요합니다.
- 능동적 독서가 꼭 필요합니다.

3 비인지능력과 문해력 향상을 위해서 아이들과 직접 소통하는 부모서당을 추천합니다.

4 핵심은 아이들과 함께 책을 읽는 것입니다. 그리고 수다 시간을 가지세요. 당연히 부모도 준비가 필요합니다.

5 부모서당을 위해서 그룹 형식을 갖추는 것이 좋습니다.

6 정답이 없는 '10번 문제'를 잘 활용하세요.

7 핵심 질문은 첫째, '작가는 왜 이 책을 썼을까?' 둘째, '그래서 이 책을 읽기 전과 읽은 후가 어떻게 다른가?'입니다.

아이와 함께하는 독서퀴즈

아이들과 함께한 독서퀴즈입니다. 함께 읽은 책에 대한 저의 생각과 아이들과 나누었던 이야기를 적었습니다. 아이들의 말을 듣는 것도 중요하지만 부모가 어떻게 읽었는지 아이들에게 이야기해주는 것도 매우 중요합니다. 부모의 감상을 듣고 책을 읽는 요령이나 지식들을 습득할 수 있으니까요. 꼭 독서퀴즈 형식을 갖추어야 하는 것은 아닙니다. 아이들의 성향과 가정의 상황에 맞게 변형하면 됩니다.

이현 지음 / 오윤화 그림 / 창비 / 2015년

어린 사자 와니니의 성장 일기입니다. 극단적인 상황으로 내몰려 죽을 수밖에 없었지만 와니니는 하루하루를 열심히 살아갑니다.(운과 최선) 다행히 와니니는 잘 듣는 귀가 있었습니다.(경청, 수용) 그리고 그와 함께한 친구들이 있었지요. 친구들과 함께할 수 있었던 건 그가 전에 베풀었던 선함과 배려 덕분이었습니다.(관계, 이기적 이타주의) 초원의 끝을 향해 과감하게 도전도 하지요.(행동력) 하지만 가장 중요한 것은 '나의 쓸모'를 찾는 것이었습니다. 마디바에게 쓸모없는 아이라고 불리던 와니니가 자기는, 더불어 우리는 쓸모없지 않다고 외치던 그 시점이, 결국 마디바를 뛰어넘는 때였지요. 쓸모는 남에 의해서 결정되는 것이 아니고 내가 결정하는 것입니다.(자아 정체성)

아이들은 성장합니다. 성장은 아이들의 숙명입니다. 다만 아이들마다 속도의 차이가 있을 뿐입니다. 부모는 아이들의 성장을 지켜봐 주는 것으로 충분합니다. 더불어 아이들의 쓸모를 부모님이 결정하지 말았으면 합니다. 아이들의 쓸모는 아이들이 스스로 결정할 수 있게 도와 주는 것이 부모의 역할이 아닐까 합니다.

독서퀴즈

01 마디바 무리가 건기에 가까운 큰 웅덩이를 두고 먼 은가레 강으로 물을 마시러 가는 이유는 무엇인가요?

02 말라이카를 다치게 만든 것 때문에 와니니가 받은 벌은 무엇이었나요?

03 쓰러져 있는 와니니를 보고도 사자연구소 연구원들이 구해 주지 않은 이유는 무엇이었나요?

04 배고픈 와니니가 쇠똥구리의 조언으로 처음 먹은 식사는 무엇이었나요?

05 와니니의 특기는 무엇인가요?

06 와니니가 처음 사냥에 성공한 동물은 무엇이었나요?

07 하이에나가 알려준 말라이카를 다치게 한 실체는 무엇인가요?

08 와니니가 마디바에게 가장 듣기 싫어하는 말은 무엇인가요?

09 아산테는 사자를 왜 초원의 왕이라고 설명했나요?

10 어린 와니니와 말라이카는 마디바 할머니를 닮고 싶어 했습니다. 당신은 누구를 닮고 싶나요? 이유와 함께 써 보세요.

[독서퀴즈 답안]

01 하마와 마주치지 않기 위해서

02 무리를 떠나 혼자가 되는 것

03 초원의 일에 끼어들지 않는 것이 원칙이라서

04 타조알

05 귀가 밝다

06 토끼

07 숫사자 무투와 둘째 아들

08 쓸모 없는 아이

09 명예를 위해 싸우기 때문에

10 (정답 없음) 처음부터 독자적으로 "나는 이러한 사람이 될 거야"라고 말하는 아이는 없습니다. 누군가 닮고 싶은 사람이 있기 마련이지요. 연예인이건 운동 선수건, 게이머건, 그 모델이 기준이 되었을 때 그 모델과 내가 다른 점이 비로소 보이고 그런 과정을 거치면서 점점 나다워집니다. 와니니는 마디바 할머니를 닮고 싶었지만, 쓸모없는 것들이라며 무시하는 마디바의 태도를 받아들일 수 없었지요. 그러한 과정을 거치면서 와니니도 무리의 대장으로 성장합니다. 우리 아이의 롤모델은 누구일까요? 엄마나 아빠처럼 되고 싶다고 한다면 부모로서 마음은 뿌듯할지 몰라도 아직 자신의 모습을 깊게 생각해 보지 않았다는 것을 알 수 있습니다. "장래 희망이 뭐야?"라고 묻기에 앞서 닮고 싶은 사람에 대해 물으면 아이에 대해 훨씬 다양한 정보를 알 수 있지 않을까요?

메리 셸리 지음 / 황소연 옮김 / 비룡소 / 2014년

1. 자유 의지

- 자유 의지는 선택의 자유를 말한다.
- 인간은 자유 의지를 가진다.
- 자유 의지가 없는 사람을 노예라고 부른다.
- 자유 의지가 인간답게 한다.
- 자유 의지는 책임을 부른다.

- 물리적 자유와 정신적 자유를 구분해야 한다.
- 현대인은 진정 자유인일까.

이런 생각을 바탕으로 10번 문제인 괴물의 악행이 괴물의 잘못인지, 괴물을 창조한 프랑켄슈타인의 잘못인지 생각해 보았어요. 결론적으로 저희는, 직접적인 책임은 괴물에게, 그리고 프랑켄슈타인은 괴물이 자유 의지를 지니도록 했기 때문에 도의적 책임이 있다고 생각했습니다. 또 한 가지 주목한 점은, 괴물이 악행을 저지르는 선택을 할 수밖에 없었는지에 대한 것이었어요. 흉측한 얼굴, 자신의 노력에도 불구하고 사랑받지 못하는 상황 때문에 괴물의 악행이 정당화될 수 없다고 보았거든요.

어쩌면 우리에겐 저마다의 마음속에 우리가 만든 프랑켄슈타인이 살고 있을지 몰라요. 우리의 어두운 면이지요. 우리만 알고 있는 우리의 약점입니다. 때론 이 약점이 우리가 흉악한 마음을 품도록 유혹합니다. 그럼에도 불구하고 우리는 이 괴물의 노예가 되지 않고 자유 의지를 힘껏 발휘하여 괴물이 더이상 활개치지 못하도록 조절합니다. 우리는 우리의 삶을 선택할 수 있음을 언제나 잊지 말아야 합니다. 그리고 그 선택에는 책임이 따른다는 것도요.

2. 내 안의 프랑켄슈타인(괴물)

단순한 호기심으로, 어쩌면 지적 허영일 수도 있고, 자만일 수도, 욕망일 수도 있습니다. 이런 것들이 만들어낸, 의도하지 않았던 괴물 한 마리쯤 다들 가지고 계시지요?

아닙니다. 이 괴물은 '사랑받고 싶은 마음' 그 자체일 것입니다. 인간 존재의 원형이지요. 하지만 스스로 완전하지 못하다고 생각되는 이 괴물은 사랑받을 '자격'을 의심할 것입니다. 괴물을 치유할 수 있는 것은 오직 사랑뿐입니다.

3. 진짜 괴물은?

그런데 진짜 괴물은 누구일까요? 흉측하게 창조된 괴물일까요? 아니면 이 괴물을 만든 프랑켄슈타인일까요?

4. 세 명의 '나'

책에는 세 명의 '나'가 등장합니다. 극지방을 연구하다가 프랑켄슈타인을 만난 '월튼', 메인 이야기의 화자인 '프랑켄슈타인', 그리고 '괴물'입니다. 이야기 속의 이야기 구조인데, 읽다 보면 자연스럽게 이 세 명의 '나'에 이입이 됩니다. 그리고 그 누구 하나 내가 아닌 것이 없다는 것을 발견합니다.

5. 다시 자유 의지

결국 나를 결정하는 것은 나의 자유 의지입니다. 저는 모든 사람에게는 자유 의지가 있다고 생각합니다. 결정론자는 아니에요. 세 명의 '나' 중에 어떤 내가 될지는 내가 결정할 수 있습니다. 심지어 제 4의 내가 될 수도 있습니다.

『프랑켄슈타인』은 비오는 날 심심하다고 모인 지인들이 각자 무서운 이야기 하나씩 하기를 하다가 만들어진 책입니다. 『프랑켄슈타인』 외에 이 모임에서 나온 또 하나의 이야기가 『드라큘라』예요. 정말 대단한 이야기 모임이 아닐 수 없습니다. 심지어 그 당시 작가인 메리 셸리는 18세였습니다.

독서퀴즈

01 프랑켄슈타인은 자신의 창조물(괴물)을 만드는 데 기간이 얼마나 걸렸나요?

02 저스틴이 윌리엄을 살해했다고 자백하게 된 결정적 계기는 무엇인가요?

03 프랑켄슈타인이 그의 피조물과 처음 대화를 나눈 장소는 어디인가요?

04 괴물은 오두막의 가족에게 왜 자신을 노출했나요?

05 괴물은 오두막 사건 이후 왜 프랑켄슈타인을 찾아가기로 마음먹었나요?

06 괴물이 프랑켄슈타인에게 요구한 것은 무엇인가요?

07 괴물이 말을 하게 되고 글을 읽게 되는 데 영향을 준 두 가지는 무엇인가요?

08 괴물이 프랑켄슈타인에게 고통을 가한 방식은 무엇인가요?

09 '생명이 없는 물체에 생명의 불꽃을 주입했다'에서 생명의 불꽃으로 추정할 수 있는 것은 무엇일까요?

10 괴물의 악행은 누구의 잘못인지 얘기하고 그 이유를 적어 보세요. (괴물 vs 괴물의 창조자, 프랑켄슈타인)

[독서퀴즈 답안]

01 2년

02 (아무도 자신을 믿어주지 않는 와중에) 신부가 다그쳐서

03 알프스 몽블랑 샤모니 계곡

04 사랑받고, 인정받고 싶어서

05 창조자에게 도움을 청할 수 있기를 바랐기 때문에

06 자기와 같은 여자를 만들어달라고 함

07 오두막 가족의 대화 / 책 (『실낙원』, 『플루타르코스 영웅전』, 『젊은 베르테르의 슬픔』)

08 프랑켄슈타인이 사랑하는 사람을 죽이는 것

09 전기(갈바니즘이라고 하는 당시의 최신 과학)

10 (정답 없음) 일반적으로 모든 행동은 책임을 동반합니다. 책임 소재를 따질 때 가장 중요한 것은 '자유 의지'입니다. 주체자를 가리는 것이지요. 에피쿠로스 학파나 경험론자들은 결정론을 주장합니다. 세상은 모든 것이 이미 결정되어 있다고 주장하지요. 이러면 프랑켄슈타인의 책임이 커집니다. 칸트나 실존주의자들은 자유 의지론을 주장합니다. 괴물이 자유 의지를 가지고 있으니 악행은 괴물의 책임이 됩니다. 스토아 학파나 마르크스주의자들은 양립론을 펼칩니다. 답을 내는 것이 이 질문의 목적은 아닙니다. 당연히 '생각해 보는 것'이 목적입니다. 자신의 주장에 논리를 더하는 훈련이지요. '나는 이러한 이유로 누구의 책임이라고 생각한다.' 이 문장을 썼다면 백점입니다!

채사장 · 마케마케 지음 / 정용환 그림 / 돌핀북 / 2021년

지난 몇 년 간 인문학 열풍을 불러 일으켰던 『지적 대화를 위한 넓고 얕은 지식』의 어린이 버전입니다. 저 또한 '지대넓얄'(이제는 거의 고유명사가 되었지요)을 아주 흥미롭게 읽었던 독자로, 그리고 아이를 키우는 학부모의 입장에서 어린이 버전이 나오면 좋겠다고 생각하고 있었는데 마침 이렇게 책이 나오더라고요. 하지만 아무리 어린이 버전이라고 해도 내용이 상당해서 '한 번에 끝낼 수 있을까?'라고 고민하다가 이번에 읽어 보게 되었네요.

읽어 보니 괜한 걱정이라는 것을 알게 되었어요. 초등 4학년부터는 (이해하면서) 읽을 수 있을 정도로 내용을 더 쉽게 만들었더라고요. 채사장 책의 특징이 자신만의 이야기 흐름을 만들어 독자들이 쉽게 이해하도록 하는 것인데, 이 책에서도 그 장점이 그대로 묻어납니다. 그리고 '알파'와 '오메가'라는 캐릭터를 만들어 아이들이 더 쉽게 몰입할 수 있는 장치까지 더했네요.

책은 원시 공산 사회부터 근대 자본주의까지 '생산 수단의 소유' 관점으로 시대의 변화를 알아보는 내용입니다. 문명이 어떻게 발전하고 각 시대별 체제가 어떻게 변화했는지 경제적 관점에서 보는 것이지요. (원시 공산 사회-고대 노예 사회-중세 봉건 사회-근대 자본주의) 역사를 공부할 때 연표와 주요 사건들을 외우는 방식도 좋지만 더 효율적으로 공부하기 위해서는 이러한 사건들을 꿸 수 있는 관점의 꼬챙이가 필요합니다. 이리저리 흩어져 있는 사건들을 순서대로 꿰어 놓으면 기억하기도 좋고 나중에 새로운 사건들을 연결시키기도 훨씬 쉽습니다. 이러한 꼬챙이는 여러 관점이 있겠지만 '경제적' 관점은 여러모로 강력하고 유용합니다. 어차피 인간은 먹고사는 것에서 벗어날 수 없기 때문입니다. 당장 우크라이나 전쟁만 해도 해석하는 다양한 시각이 있지만 가장 설득력 있는 것이 '경제'인 것처럼요.

내용의 탄탄함이나 활용도에 비해 책이 굉장히 쉽습니다. 그래서 어른 책 『지적 대화를 위한 넓고 얕은 지식』을 아직 읽지 못한 분에게도 세계사의 큰 흐름을 이해하는 데 분명 도움이 될 거라고 생각합니다. (아이들 책 같이 읽기를 명분으로 함께 공부하는 겁니다!) 작가님도 머릿말에 써 놓기는 했지만, 제가 학생일 때 교과서에서 배우는 단편적인 지식들 외에 시대의 큰 흐름을 보는 관점을 가졌다면 삶이 훨씬 풍요로웠을지도 모르겠다는 생각을 합니다. 이런 의미에서 아이들 필독서로 추천합니다.

제가 생각하는 인문학은 인간이 왜 이렇게 살고 있고 앞으로 어떻게 살아갈 것인지를 공부하는 학문입니다. 그래서 당연히도 그 공부의 범위가 아주 넓습니다. '삶'이라는 주제를 다루기 때문입니다. 인문학적 사고를 한다는 것은 시대를 꿰뚫는 것입니다. 과거와 미래를 연결하는 작업이지요. 어렵긴 하지만 그렇기 때문에 재미있기도 합니다. 좋은 책은 인문학적 사고를 하는 데 많은 도움을 줍니다. 이 책처럼 직접적으로 떠먹여주는 책도 아주 좋습니다. 이 책을 고른 이유이기도 하지요.

독서퀴즈

01 책에 소개된 다섯 단계의 역사를 나누어 구분해 보세요.

02 1만년 전 신석기 시대에 들어서면서 인간 생활에 변화를 일으킨 사건은 무엇인가요?

03 권력은 무엇에 의해서 생기나요?

04 세계 4대 문명은 각각 무엇인가요?

05 고대 노예제 사회에서 지배 체제를 유지하기 위해 사용한 개념은 무엇인가요?

06 지배 계급 측면에서 고대와 중세의 차이점은 무엇인가요?

07 중세를 흔들리게 한 두 가지 원인은 무엇인가요?

08 중세 시대를 끝마치게 한 사건은 무엇이며 언제 일어났나요?

09 중세 이후 공장이라는 새로운 생산 수단을 소유한 새로운 권력인 '부르주아'가 신을 대신해 지배의 이론적 토대로 삼은 것은 무엇인가요?

10 중세 시대까지 생산 수단과 종교가 권력과 어떤 연관이 있는지 서술해 보세요.

[독서퀴즈 답안]

01 원시 공산 사회 – 고대 노예 사회 – 중세 봉건 사회 – 근대 자본주의 – 현대

02 농경 생활의 시작 (농업 혁명)

03 생산 수단의 소유

04 메소포타미아 문명(티그리스-유프라테스강), 이집트 문명(나일강), 인더스 문명(인더스강), 황허 문명(황허강)

05 왕=신, 제정일치

06 고대에는 스스로 신이라고 해서 권력의 정당성을 얻었지만, 중세에는 신으로부터 통치 권한을 위임받은 것으로 함

07 상업의 발달 / 공장의 탄생

08 프랑스 대혁명 / 1789년

09 이성

10 (정답 없음) 책은 권력의 탄생을 생산 수단의 소유와 연계해서 설명합니다. 생산 수단을 가진 자가 권력을 갖는 것이지요. 이것은 원시 시대부터 현대에 이르기까지 그대로 적용됩니다. 하지만 중세 시대까지는 한 가지 변수가 더 있었습니다. 바로 신의 존재지요. 자연에 의지할 수밖에 없었던 인간은 자연스럽게 신에게 의지합니다. 고대까지는 왕이 곧 신의 위치에 있지만(이집트 파라오=신) 중세에 들어서면서 인간과 신을 분리하고 종교가 등장합니다. 그리고 왕은 신으로부터 통치에 대한 정당성을 부여받습니다. 중세 시대에 교회와 왕이 협력할 수 있었던 이유입니다.

교황은 왕에게 신의 위탁을 허하고, 왕은 교황을 보호해 주고 하는 식이지요. 하지만 과학(이성)이 발달하면서 종교의 자리는 권력에서 멀어집니다. 그리고 지금 우리는 온전히 생산 수단(돈)에 의해서 권력이 만들어지는 자본주의에서 살고 있습니다.

차윤석 김선빈 박병익 김선혜 지음 / 세계로 기획 / 이우일 그림 /
강영순 김광수 박상수 박병규 박수철 이은정 이지은 최재인 감수 /
박기종 삽화 / 김경진 지도 / 정지윤 장유영 구성 / 사회평론 / 2018년

아이들과 논술 관련 수업을 하다가 역사책을 한번 해 볼까 해서 고른
책이에요. 논술을 가장한 세계사 수업이지요. 보통 세계사라고 하면
이집트 같은 고대 문명의 탄생부터 시작되는데, 너무 먼 이야기인 것
같아서 제 기준에서 나름 최근의 일, 그럭저럭 아이들의 손에 잡을 수
도 있을 것 같은 시대를 골랐습니다. 용선생 세계사 14권은 제2차 세계
대전, 그리고 미국과 소련의 냉전에 대한 내용이에요. 세계사 책으로
이 책을 많이 추천하시는데, 제가 읽어 보니 이런 점들이 좋았습니다.

① 그림/사진이 많습니다.

② 중간중간 필요한 순간에 요약을 해 줍니다.

③ 인물 중심 이야기 구조입니다.

책 중간중간에 공식적인 퀴즈가 있긴 하지만, 전 이것보단 조금 쉽게 냈어요. 다른 건 다 까먹어도 이것만은 기억할 수 있게요. 역사 수업인 만큼 지구본도 보고 세계 지도도 보면서 하니까 수업이 무척 재미있었습니다.

냉전에 대한 이야기를 하면서 추가로 수업한 내용은 자본주의, 공산주의, 민주주의, 사회주의 같은 각종 '주의'에 관한 것이었어요. 제가 공부할 때 이놈의 주의가 너무 헷갈렸고, 이게 정리가 되니 현대사 흐름이 좀 잡혔던 기억이 있어서 함께 설명을 해주었습니다. 러시아의 우크라이나 침공에 관해 이야기해 줄 때도 냉전과 주의에 관한 기본 지식이 있으니 더 생생하게 할 수 있게 되어 좋았습니다. 그런데 세계사 수업을 막상 해 보니 수업의 가장 중요한 포인트는 아이들의 질문에 얼마나 삼천포로 빠지지 않고 진행할 수 있느냐더라고요.

독서퀴즈

01 제2차 세계 대전은 독일이 어느 나라를 침략하면서 시작됐나요?

02 연합국이 제2차 세계 대전에서 승리하게 된 작전은 무엇인가요?

03 미국이 제2차 세계 대전에 참전하게 된 결정적인 이유는 무엇인가요?

04 세계 대전이 끝나고 미국이 일본의 전범 재판을 확실하게 진행하지 못한 이유는 무엇인가요?

05 세계 대전이 끝나고 세계 질서를 위해 설립된 대표적인 국제기구는 무엇인가요?

06 인도와 파키스탄이 분리독립한 이유는 무엇인가요?

07 서아시아에 반미감정이 뿌리내리게 된 원인은 무엇인가요?

08 중국 내전에서 승리를 이끈 공산당의 수장은 누구였나요?

09 미국이 공산화를 막으려고 개입했으나 실패한 나라는 어느 나라인가요?

10 남한과 북한이 분단국가가 된 원인에 대해 의견을 말해 보세요.

[독서퀴즈 답안]

01 폴란드

02 노르망디 상륙작전

03 일본의 진주만 공습

04 아시아의 사회주의 팽창을 막기 위해서 일본이 필요해서

05 국제연합(UN)

06 종교 갈등 (인도:힌두교, 파키스탄:이슬람교)

07 미국이 이스라엘의 건국을 지원했기 때문에

08 마오쩌뚱

09 베트남

10 (정답 없음) 직접적인 원인은 한국 전쟁이지만 보다 근본적인 이유는 미국과 소련의 냉전의 결과라고 보아야 할 것입니다. 그리고 그 분단은 전세계 마지막 분단 국가라는 이름으로 아직까지 남아 있습니다. 저희 어릴 때만 해도 반공 교육을 받았는데, 지금은 체제 경쟁을 명분으로 쓰기에는 우리나라가 매우 멋진 나라가 되어버렸지요. 그럼에도 불구하고 대한민국의 지정학적 위치는 여전히 위태합니다. 자연스럽게 남과 북이 통일을 해야 되느냐의 질문으로 넘어갈 수 있을 것 같습니다. 이것에 대한 답은 각 부모님의 의견으로 넘길게요. 초등 고학년 정도의 아이들이라면 충분히 나눠볼만 합니다. 아이들이 의외로 역사와 정치 얘기를 좋아해요. 결국 역사는 '이야기'이니까요.

| 퀴즈 ❺ | 『담을 넘은 아이』 |

김정민 지음 / 이영환 그림 / 비룡소 / 2023년(리커버)

　"어찌 살 것입니까"
본 책에 등장해서 주인공 푸실이의 삶을 변화시킨 '여군자전'이라는 책은 어찌 살 것이냐는 물음으로 시작됩니다. 그러면서 군자에 대해 아래 두가지로 묘사합니다.

　첫째. 학식만 뛰어난 것이 아니라 덕을 베풀줄 아는 사람
　둘째. 자신의 한계를 뛰어넘는 노력을 하는 사람

푸실이는 이 책을 외워버릴만큼 보고 또 보고 자신의 것으로 체득합니다. 그래서 군자인 척하는 대감마님에게 진짜 군자에 대해서 당당히 말할 줄 알며, 양반이라는 틀을 깨지 못하고 있는 양반 아가씨에게 가르침을 주지요.

제목『담을 넘은 아이』는 담 안에서 이러지도 저러지도 못하는 아가씨에게 자기가 처한 상황에 복종하지 않고 그 한계를 뛰어넘으라는 뜻으로 푸실이가 말한 대목을 가져온 것입니다. 위에서 말한 군자의 두 가지 모습은 오늘날에도 그대로 적용시켜 볼 수 있습니다. 덕을 베풀 줄 아는 사람은 영화〈원더〉에 나오는 '옳음보다 친절'이라는 메세지로 다시 읽어 볼 수 있어요. 아무리 강조해도 친절은 최고의 덕목입니다.

신분제 사회였던 조선시대에서는 양반과 천민의 한계 때문에 푸실이와 같은 상황이 생겼지만, 지금도 수저론으로 대표되는 신분제가 그대로 존재한다고 생각합니다. 맞아요, 사회는 본래 불공평합니다. 이것은 인정합니다. 하지만 불평만 하는 사람과 이것을 극복하려는 사람은 분명 다른 미래를 맞이할 것입니다.

'어찌 살 것입니까'라는 물음은 우리의 근본적인 존재 이유를 묻습니다. 푸실이는 담을 넘은 아이로 답을 했습니다. 이제 우리가 이에 답하는 삶을 살아야 합니다. 주인공 푸실이는 한 권의 책으로 인해 삶이 통째로 바뀌었습니다. 우리 아이들도 언젠간 그런 책을 만나게 되겠지요. 그날을 조용히 기다려 봅니다.

독서퀴즈

01 귀손이 약값의 대가는 무엇이었나요?

02 푸실이가 주운 책의 제목은 무엇인가요?

03 푸실이 아버지가 남긴 죽을 귀손이가 먹어버릴 때 엄마와 푸실이는 왜 아무 얘기도 못했나요?

04 달포는 지금 시간으로 어느 정도의 기간인가요?

05 귀손이는 푸실이의 책을 왜 찢었나요?

06 푸실이 집에서 나던 고양이 소리의 정체는 무엇인가요?

07 푸실이 동생 아가는 왜 이름이 없나요?

08 엄마의 젖을 먹은 아가가 설사를 하며 아팠던 이유가 무엇인가요?

09 푸실이는 아가의 이름을 무엇으로 지어 주었나요? 그리고 이유는 무엇인가요?

10 당신 이름의 뜻은 무엇인가요?

[독서퀴즈 답안]

01 엄마가 유모로 가는 것

02 여군자전

03 귀손이가 유일한 아들이라서

04 한 달 조금 넘는 기간

05 똥을 닦으려고

06 아가의 울음소리

07 여자아이이고 곧 죽을지 몰라서

08 대감마님이 엄마에게 건강하지 못한 아이가 젖을 먹으면 아프게 하는 한약을 주어서 (대감마님이 푸실이가 도둑젖을 먹일 줄 알고 있었음)

09 해님이 / 해처럼 이 세상을 밝혀주는 아이

10 (정답 없음) 아이의 이름을 지어줄 때 정말 고민을 많이 했었지요. 보통 이름은 부모님의 바람을 담아서 짓기 때문에 뜻 또한 함께 정해져 있는 것이 보통입니다. 저희 아이들도 돌림자를 사용하지만 나머지 한 자를 가지고 몇 날 며칠을 생각했는지 모릅니다. 아이들이 부모님이 지어준 이름의 의미를 알고 있는지 물어보고, 더불어 아이들이 직접 자기가 원하는 모습을 생각하고 그에 맞게 이름을 새로 지어보는 활동도 재미있을 것 같습니다. 그러면서 자연스럽게 아이의 꿈이나 희망에 관련된 이야기와 연결할 수도 있고요.

부모와 자녀의 독서 생활을 위한

추천 도서

함께하는 독서퀴즈 추천 도서

아빠서당에서 아이들과 함께 진행했던 도서들입니다. 더 많은 도서와 독서퀴즈 정보는 인스타그램 계정(@literacy.for.polymath)에서 확인할 수 있습니다.

3~4학년 추천도서

- **가방 들어주는 아이** 고정욱 글 / 백남원 그림 / 사계절 / 2014
- **거짓말 학교** 전성희 글 / 소윤경 그림 / 문학동네 / 2009
- **광합성 소년** 존 레이놀즈 가디너 글 / 에스더 그림 / 책과콩나무 / 2010
- **그림 도둑 준모** 오승희 글 / 최정인 그림 / 낮은산 / 2003
- **단짝 친구가 이사가는 날** 버나드 와버 글 / 보림 / 2015
- **딱지 전쟁** 최이정 글 / 김한흠 그림 / 파란정원 / 2014
- **로봇 친구 앤디** 박현경 글 / 김중석 그림 / 별숲 / 2016
- **마법의 설탕 두 조각** 미하엘 엔데 글 / 한길사 / 2001
- **만복이네 떡집** 김리리 글 / 이승현 그림 / 비룡소 / 2010
- **미지의 파랑 1~3** 차율이 글 / 샤토 그림 / 비룡소 / 2022
- **법을 아는 어린이가 리더가 된다** 김숙분 글 / 유남영 그림 / 가문비(어린이가문비) / 2017
- **병아리반 아이들** 홍기 글 / 유기훈 그림 / 좋은책어린이 / 2008
- **북극곰도 모르는 북극 이야기** 박지환 글 / 김미경 그림 / 토토북 / 2007
- **빨강연필** 신수현 글 / 김성희 그림 / 비룡소 / 2011
- **세금 내는 아이들** 옥효진 글 / 김미연 그림 / 한국경제신문 / 2021
- **수상한 수학감옥 아이들** 류승재 글 / 정은선 그림 / 한국경제신문 / 2022
- **스무고개탐정 1~12** 허교범 글 / 고상미 그림 / 비룡소 / 2013~2020
- **아토믹스 1~2** 서진 글 / 유준재 그림 / 비룡소 / 2016~2017
- **삼백이의 칠일장 1: 얘야, 아무개야, 거시기야** 천효정 글 / 최미란 그림 / 문학동네 / 2014
- **엄마 사용법** 김성진 글 / 김중석 그림 / 창비 / 2012
- **여보세요 생태계씨 안녕하신가요** 윤소영 글 /이유정 그림 / 낮은산 / 2014
- **우리집에 온 마고 할미** 유은실 글 / 백대승 그림 / 푸른숲주니어 / 2015

- **자전거 도둑** 박완서 글 / 한병호 그림 / 다림 / 1996
- **잔소리 없는 날** 안네마리 노르덴 글 / 원유미 그림 / 보물창고 / 2015
- **잘못 뽑은 반장** 이은재 글 / 서영경 그림 / 주니어김영사 / 2009
- **지구촌 곳곳에 너의 손길이 필요해** 예영 글 / 황유리 그림 / 뜨인돌어린이 / 2010
- **폭력은 싫어** 박신식 글 / 김현영 그림 / 소담주니어 / 2016년

5-6학년 추천 도서 [문학]

- **5번 레인** 은소홀 글 / 노인경 그림 / 문학동네 / 2020
- **괭이부리말 아이들** 김중미 글 / 송진헌 그림 / 창비 / 2001
- **기억 전달자** 로이스 라우리 글 / 비룡소 / 2007
- **긴긴밤** 루리 글 / 문학동네 / 2021
- **나무를 심은 사람** 장 지오노 글 / 최수연 그림 / 두레 / 2018
- **내 이름은 욤비** 욤비 토나, 박진숙 글 / 이후 / 2013
- **단어의 여왕** 신소영 글 / 모예진 그림 / 비룡소 / 2022
- **마사코의 질문** 손연자 글 / 김재홍 그림 / 푸른책들 / 2009
- **마지막 이벤트** 유은실 글 / 강경수 그림 / 비룡소 / 2015
- **모모** 미하엘 엔데 글 / 한미희 옮김 / 비룡소 / 1999
- **바보 빅터** 호아킴 데 포사다, 레이먼드 조 글 / 한국경제신문 / 2018
- **불편한 편의점** 김호연 글 / 나무옆의자 / 2021
- **수학여왕 제이든 구출작전** 블라디미르 투마노프 글 / 지브레인 / 2018
- **의자 뺏기** 박하령 글 / 살림Friends / 2015
- **페인트** 이희영 글 / 창비 / 2019
- **핵폭발 뒤 최후의 아이들** 구드룬 파우제방 글 / 보물창고 / 2016
- **호랑이를 덫에 가두면** 태 켈러 글 / 돌베개 / 2021

5~6학년 추천도서 [비문학]

- **10대를 위한 건축 학교** 임유신 글 / 이케이북 / 2022
- **10대를 위한 요즘 경제학** 김나래, 이에라 글 / 한하림 그림 / 미래엔아이세움 / 2021

- **10대를 위한 정의란 무엇인가** 마이클 샌델 원작 / 신현주 글 / 미래엔아이세움 / 2014년 11월
- **10대를 위한 한 줄 과학** 알렉시스 로젠봄 글 / 이야기공간 / 2021
- **검은 눈물, 석유** 김성호 글 / 이경국 그림 / 미래아이 / 2009
- **고릴라는 핸드폰을 미워해** 박경화 글 / 북센스 / 2006
- **광고의 비밀** 김현주 글 / 강희준 그림 / 미래아이 / 2012
- **궁금했어 뇌과학** 유윤한 글 / 나수은 그림 / 나무생각 / 2020
- **궁금했어 우주** 유윤한 글 / 배중열 그림 / 나무생각 / 2018
- **나쁜 과학자들** 비키 오랜스키 위튼스타인 글 / 다른 / 2014
- **내가 만든 약이 세상을 구한다면** 송은호 글 / 다른 / 2021
- **더 좋은 세상을 만든 착한 발명** 이향안 글 / 허현경 그림 / 현암주니어 / 2018
- **맥스웰이 들려주는 전기 자기 이야기** 정완상 글 / 자음과모음 / 2010
- **백설공주는 왜 자꾸 문을 열어줄까** 박현희 글 / 뜨인돌 / 2011
- **생각 깨우기** 이어령 글 / 노인경 그림 / 푸른숲주니어 / 2009
- **세계를 바꾸는 착한 국제조약 이야기** 서선연 글 / 성배 그림 / 북멘토 / 2019
- **세상 모든 것이 과학이야** 신방실, 목정민 글 / 북트리거 / 2021
- **쇼핑의 미래는 누가 디자인할까** 황지영 글 / 휴머니스트 / 2021
- **어린이를 위한 무역의 모든 것** 서지원 글 / 끌레몽 그림 / 풀과바람(영교출판) / 2015
- **왜 세계의 절반은 굶주리는가** 장 지글러 글 / 우석훈 해제 / 갈라파고스 / 2016
- **우리가 꼭 알아야 할 법 이야기** 신주영 글 / 다락원 / 2022
- **음악가들의 초대** 김호철 글 / 구름서재(다빈치기프트) / 2014
- **좋은 정치란 어떤 것일까요** 김준형 글 / 박종호 그림 / 어린이나무생각 / 2022
- **좋은돈, 나쁜돈, 이상한돈** 권재원 글 / 창비 / 2015
- **주식회사 6학년2반** 석혜원 글 / 한상언 그림 / 다섯수레 / 2020
- **철학의 숲** 브렌던 오도너휴 글 / 포레스트북스 / 2020
- **파인만, 과학을 웃겨 주세요** 김성화, 권수진 글 / 탐 / 2011

자녀 교육 추천 도서

아이를 키우면서 육아에도 공부가 필요하다는 것을 깨닫고 읽은 도서들입니다.
아이를 이해하고 가르치는 데에 많은 도움을 받았습니다.

영유아

- **지랄발랄 하은맘의 불량육아** 김선미 글 / 알에이치코리아 / 2020
- **베싸육아** 박정은 글 / 래디시 / 2023

학습(국어,영어,수학)

- **스카이 버스** 분당강쌤 글 / 다산에듀 / 2023
- **어머니, 사교육을 줄이셔야 합니다** 정승익 글 / 메이트북스 / 2023
- **완전학습 바이블** 임작가 글 / 다산에듀 / 2020
- **수학 잘하는 아이들은 외우지 않습니다** 서미순 글 / 알에이치코리아(RHK) / 2023
- **진짜 수학 공부법** 류승재 글 / 경향 BP / 2023
- **국어 1등급의 비밀** 민태윤 글 / 더블북 / 2022
- **수학 잘하는 아이는 이렇게 공부합니다** 류승재 글 / 블루무스 / 2022
- **초등생을 위한 수학 공부몸 만들기** 류유 글 / 서사원 / 2021
- **초중고 영어공부 로드맵** 허준석(혼공쌤), 이은주, 신영환, 기나현, 석정은 글 / 서사원 / 2021
- **잠수네 아이들의 소문난 영어공부법** 이신애 글 / 알에이치코리아(RHK) / 2013

문해력(독서,글쓰기)

- **초등 글쓰기 비밀수업** 권귀헌 글 / 서사원 / 2019
- **쓰면서 자라는 아이들** 한미화 글 / 어크로스 / 2022
- **상 타는 초등 글쓰기** 안부영 글 / 다락원 / 2022
- **책 읽기보다 더 중요한 공부는 없습니다** 박은선, 정지영 글 / 더블북 / 2022
- **평생 공부의 기초 체력을 키우는 문해력 수업** 전병규(콩나물쌤) 글 / 알에이치코리아 / 2021
- **질문하고 대화하는 하브루타 독서법** 양동일, 김정완 글 / 예문 / 2016

- **서울대 아빠식 문해력 독서법** 이재익, 김훈종 글 / 한빛비즈 / 2021
- **하루 15분 초등 책읽기의 기적** 수전 짐머만,크리스 허친스 글 / 더블북 / 2021
- **대치동 초등독서법** 박노성, 여성오 글 / 일상이상 / 2021
- **초6의 독서는 달라야 합니다** 전영신 글 / 서사원 / 2021
- **공부머리 독서법** 최승필 글 / 책구루 / 2018
- **당신의 문해력** EBS <당신의 문해력> 제작팀 기획 / 김윤정 글 / EBS BOOKS / 2021
- **초등 메타인지, 글쓰기로 키워라** 김민아 글 / 카시오페아지음 / 2021
- **내 아이가 책을 좋아할 수만 있다면** 유영호 글 / 북포스 / 2020

경제/습관/진로

- **우리 아이 평생 경제력 이렇게 가르칩니다** 김영옥 글 / 좋은습관연구소 / 2022
- **서울대 가기보다 쉬운 내 아이 건물주 되기** 박익현 글 / 더블북 / 2021
- **게으른 십대를 위한 작은 습관의 힘** 장근영 글 / 메이트북스 / 2021
- **10~15세 미래 진로 로드맵** 최연구 글 / 물주는아이 / 2022

양육 태도, 인문

- **세상에서 가장 쉬운 본질육아** 지나영 글 / 21세기북스 / 2022
- **자녀교육 절대공식** 방종임 글 / 위즈덤하우스 / 2023
- **엄마의 말연습** 윤지영 글 / 카시오페아 / 2022
- **어떻게 말해줘야 할까** 오은영 글 / 차상미 그림 / 김영사 / 2020
- **아이의 자존감** 정지은, 김민태 글 / 이영애 감수 / 지식채널 / 2011
- **아이를 위한 하루 한줄 인문학** 김종원 글 / 청림Life / 2020
- **오은영의 화해** 오은영 글 / 코리아닷컴 / 2019
- **엄마의 자존감 공부** 김미경 글 / 21세기북스 / 2021
- **부모와 아이 중 한 사람은 어른이어야 한다** 임영주 글 / 앤페이지 / 2021
- **교사와 부모를 위한 긍정훈육** 제인 넬슨 글 / 더블북 / 2022. 9 .05.
- **놓아주는 엄마 주도하는 아이** 윌리엄 스틱스러드, 네드 존슨 글 / 쌤앤파커스 / 2022
- **현명한 부모는 넘치게 사랑하고 부족하게 키운다** 제인 넬슨, 셰릴 어윈 글 / 더블북 / 2021

- **아는 만큼 말하는 만큼 아이가 달라지는 부모의 말** 호시 이치로 글 / 더블북 / 2021
- **육아휴직하고 딸과 세계여행 갑니다** 이재용, 이서윤 글 / 북로그컴퍼니 / 2019
- **왜 아이에게 그런 말을 했을까** 정재영 글 / 웨일북 / 2019
- **오늘부터 훈육을 그만둡니다** 주부의 벗 엮음 / 진선북스(진선출판사) / 2019
- **하루 10분, 엄마의 인문학 습관** 한귀은 글 / 예담Friend / 2016
- **부모의 말 공부** 김민지 글 / 월요일의꿈 / 2023
- **내 아이는 괜찮을까** 김선호 글 / 봄스윗봄 / 2019
- **거꾸로 교실 거꾸로 공부** 정형권 글 / 성안당 / 2023

부모 독서 추천 도서 100

더도 말고 덜도 말고 딱! 100권만 읽어 보세요. 100권이 끝나면 분명 다음 길이 보일 것입니다. 무엇부터 읽어야 할지 모를 때 도움을 주기 위한 추천 도서입니다.

- **10대를 위한 건축 학교** 임유신 글 / 이케이북 / 2022
- **10대를 위한 공정하다는 착각** 마이클 샌델 원작 / 신현주 글 / 미래엔아이세움 / 2022
- **10대를 위한 그릿** 매슈 사이드 글 / 다산에듀 / 2019
- **10대를 위한 요즘 경제학** 김나래, 이에라 글 / 한하림 그림 / 미래엔아이세움 / 2021
- **10대를 위한 정의란 무엇인가** 마이클 샌델 원작 / 신현주 글 / 미래엔아이세움 / 2014
- **10대를 위한 한 줄 과학** 알렉시스 로젠봄 글 / 이야기공간 / 2021
- **10배의 법칙** 그랜트 카돈 글 / 부키 / 2023
- **4초** 피터 브레그먼 글 / 타임비즈 / 2016
- **가짜 행복 권하는 사회** 김태형 글 / 갈매나무 / 2021
- **감정 어휘** 유선경 글 / 앤의서재 / 2022
- **개인주의자 선언** 문유석 글 / 문학동네 / 2015
- **결단** 롭 무어 글 / 다산북스 / 2019
- **공부머리 독서법** 최승필 글 / 책구루
- **과학으로 생각하기** 임두원 글 / 포레스트북스 / 2022
- **그러니까 철학이 필요해** 샤론 케이 글 / 픽(잇츠북) / 2023
- **그림으로 배우는 경제사** 이강희 글 / 인물과사상사 / 2022
- **나를 나답게 만드는 것들** 빌 설리번 글 / 브론스테인 / 2020
- **내 인생 5년 후** 하우석 글 / 다온북스 / 2023
- **넛지** 리처드 H. 탈러, 캐스 R. 선스타인 글 / 리더스북 / 2022
- **더 해빙** 이서윤, 홍주연 글 / 수오서재 / 2021
- **데이터는 어떻게 인생의 무기가 되는가** 세스 스티븐스 다비도위츠 글 / 더퀘스트 / 2022
- **도덕을 위한 철학 통조림** 김용규 글 / 주니어김영사 / 2016
- **돈의 속성** 김승호 글 / 스노우폭스북스 / 2020

- **돈의 역사는 되풀이된다** 홍춘욱 글 / 포르체 / 2021
- **라틴어 수업** 한동일 글 / 흐름출판 / 2023
- **럭키 드로우** 드로우앤드류 글 / 다산북스 / 2022
- **마케팅 불면의 법칙** 알 리스, 잭 트라우트 글 / 비즈니스맵 / 2008
- **마흔, 고전에게 인생을 묻다** 이경주, 우경임 글 / 글담출판 / 2013
- **말의 트렌드** 정유라 글 / 인플루엔셜(주) / 2022
- **맥락 지능** 매슈 커츠 글 / 현암사 / 2018
- **명견만리** KBS 명견만리 제작진 글 / 인플루엔셜(주) / 2016
- **모든 것은 기본에서 시작한다** 손웅정 글 / 수오서재 / 2021
- **몰입과 진로** 미하이 칙센트미하이,바버라 슈나이더 글 / 해냄 / 2018
- **무기가 되는 스토리** 도널드 밀러 글 / 윌북 / 2018
- **미술관을 빌려드립니다** 이창용 글 / 더블북 / 2022
- **바보들은 항상 결심만 한다** 팻 맥라건 글 / 예문 / 2002
- **배움을 돈으로 바꾸는 기술** 이노우에 히로유키 글 / 예문 / 2013
- **백만장자 시크릿** 하브 에커 글 / 알에이치코리아(RHK) / 2020
- **백설공주는 왜 자꾸 문을 열어줄까** 박현희 글 / 뜨인돌 / 2011
- **법정의 얼굴들** 박주영 글 / 모로 / 2021
- **브랜드, 행동경제학을 만나다** 곽준식 글 / 갈매나무 / 2021
- **빠르게 실패하기** 존 크럼볼츠, 라이언 바비노 글 / 스노우폭스북스 / 2022
- **세계사를 바꾼 13가지 식물** 이나가키 히데히로 글 / 사람과나무사이 / 2019
- **세이노의 가르침** 세이노(SayNo) 글 / 데이원 / 2023
- **슈퍼 괴짜경제학** 스티븐 레빗, 스티븐 더브너 글 / 웅진지식하우스 / 2009
- **시간 연금술사** 미야자키 신지 글 / 밀리언서재 / 2023
- **시크하다** 조승연 글 / 와이즈베리 / 2018
- **십대를 위한 미래과학 콘서트** 정재승, 김성완, 이장주, 권용주, 한대희, 김세훈, 이용길, 이주희, 홍진규, 서영진 글 / 청어람미디어 / 2018
- **아이의 미래를 바꾸는 학교 혁명** 켄 로빈슨, 루 애로니카 글 / 21세기북스 / 2021
- **알아차림에 대한 알아차림** 루퍼트 스파이라 글 / 퍼블리온 / 2023
- **어떤 죽음이 삶에게 말했다** 김범석 글 / 흐름출판 / 2021

- **어떻게 원하는 삶을 살 것인가** 저우제린 글 / 미래북 / 2017
- **강원국의 어른답게 말합니다** 강원국 글 / 웅진지식하우스 / 2021
- **언어의 줄다리기** 신지영 글 / 21세기북스 / 2021
- **엄마의 경제 독립 프로젝트** 이지영 글 / 비즈니스북스 / 2019
- **엑시트** 송희창(송사무장) 글 / 지혜로 / 2020
- **역사의 쓸모** 최태성 글 / 다산초당(다산북스) / 2019
- **열두 발자국** 정재승 글 / 어크로스 / 2018
- **열한 계단** 채사장 글 / 웨일북 / 2016
- **영양의 비밀** 프레드 프로벤자 글 / 브론스테인/ 2020
- **영웅의 탄생** 김민정, 김월회, 김유석, 김헌, 박선영, 심정훈, 손애리, 손현주, 윤광언, 차지원 글 / 혜화동 / 2022
- **오늘부터 논술은 엄마가 가르친다** 최지윤 글 / 스토리닷 / 2017
- **와튼스쿨 인생특강** 스튜어트 D. 프리드먼 글 / 교보문고(단행본) / 2020
- **왜 세계의 절반은 굶주리는가** 장 지글러 글 / 갈라파고스 / 2016
- **왜 우리는 잠을 자야할까** 매슈 워커 글 / 사람의집 / 2019
- **왜 자본주의가 문제일까** 김세연 글 / 반니 / 2017
- **우리는 언젠가 만난다** 채사장 글 / 웨일북 / 2017
- **우리의 뇌는 어떻게 배우는가** 스타니슬라스 드앤 글 / 로크미디어 / 2021
- **우울할 땐 뇌과학** 앨릭스 코브 글 / 심심 / 2018
- **움직임의 힘** 켈리 맥고니걸 글 / 안드로메디안 / 2020
- **위험한 과학책** 랜들 먼로 글 / 이명현 감수 / 시공사 / 2015
- **유시민의 글쓰기 특강** 유시민 글 / 생각의길 / 2015
- **의사의 반란** 신우섭 글 / 에디터 / 2013
- **인문학 카페 인생 강의** 강승완, 김선희, 김용신, 마석한, 성해영, 안병대, 유헌식, 이기봉, 채석용 글 / 글담출판 / 2013
- **인생은 실전이다** 신영준, 주언규 글 / 상상스퀘어 / 2021
- **일 잘하는 사람의 시간은 다르게 흘러간다** 이윤규 글 / 위즈덤하우스 / 2022
- **일의 격** 신수정 글 / 턴어라운드 / 2021
- **일취월장** 고영성, 신영준 글 / 로크미디어 / 2017

- **임포스터** 리사 손 글 / 21세기북스 / 2022
- **졸업선물** 신영준 글 / 로크미디어 / 2016
- **좋아 보이는 것들의 비밀** 이랑주 글 / 지와인 / 2021
- **죽음의 수용소에서** 빅터 프랭클 글 / 청아출판사 / 2020
- **지금 당신의 차례가 온다면** 세스 고딘 글 / 한국경제신문 / 2016
- **질문하는 독서의 힘** 김민영, 권선영, 윤석윤, 장정윤 글 / 북바이북 / 2020
- **철학은 어떻게 삶의 무기가 되는가** 야마구치 슈 글 / 다산초당(다산북스) / 2019
- **청소년을 위한 경제의 역사** 니콜라우스 피퍼 글 / 비룡소 / 2006
- **청소년을 위한 시간의 역사** 스티븐 호킹 글 / 웅진지식하우스 / 2009
- **초 생산성** 마이클 하이엇 글 / 로크미디어 / 2021
- **카네기 인간 관계론** 데일 카네기 글 / 상상스퀘어 / 2023
- **카이스트 하루 습관** 이성혜, 고대원, 박민서 글 / 21세기북스 / 2023
- **칼 마르크스, 자본주의를 말하다** 김세연 글 / 글라이더 / 2016
- **타이탄의 도구들** 팀 페리스 글 / 토네이도 / 2022
- **탁월한 인생을 만드는 방법** 마이클 하이엇 글 / 안드로메디안 / 2019
- **펄떡이는 물고기처럼** 스티븐 C. 런딘,해리 폴,존 크리스텐슨 글 / 한언출판사 / 2017
- **프로세스 이코노미** 오바라 가즈히로 글 / 인플루엔셜(주) / 2022
- **퓨처 셀프** 벤저민 하디 글 / 상상스퀘어 / 2023
- **필로소피 랩** 조니 톰슨 글 / 윌북 / 2021
- **하루라도 공부만 할 수 있다면** 박철범 글 / 다산에듀 / 2022
- **한동일의 공부법 수업** 한동일 글 / 흐름출판 / 2023
- **행복하냐는 질문에 대답할 수 없다면** 알랭 드 보통, 인생학교 글 / 미래엔아이세움 / 2022

독서 효과

독서 효과(Reading Effect). 나비 효과에서 파생된 말로, 독서를 하는 작은 습관이 삶의 질적 변화를 유발시키는 현상을 말합니다. 구체적인 독서 효과는, '교양을 넓혀 준다. 삶을 풍요롭게 한다. 삶의 지혜를 얻을 수 있다. 유익한 정보를 얻을 수 있다. 사고력과 상상력을 키워 준다. 다양한 간접 경험을 할 수 있다. 지식과 새로운 정보를 얻을 수 있다'입니다. 여기까지가 공익광고협의회에서 정리한 독서 효과예요. 저는 여기에 다른 하나의 효과를 추가하고 싶습니다. 그것은 바로 '자녀의 미래를 바꿀 수 있다'입니다.

자녀의 미래를 바꾸고 싶은 모든 부모님께 독서를 권합니다. 시작은 자녀를 위한 것이었지만 독서를 하다 보면 부모 자신의 미래가 바뀌는 것을 경험할 수 있을 것입니다. 이보다 남는 장사가 없습니다. 독서는 사실 거창하지 않습니다. 그저 읽기 시작하면 됩니다. 저마다의 방법으로요. 이 책을 잘 마무리했다면 분명 다음 책에 대한 의지도 솟구칠 거예요. 그 마음으로 독서인으로의 삶을 선택하시기를 바랍니다. 5년 후 과거를 돌아봤을 때, 오늘이 인생에서 가장 훌륭한 선택의 날이었기를 기원합니다.

　독서 효과 덕분에 독자님과 제가 이렇게 만날 수 있음에 감사합니다. 제 세계로의 초대에 응해 주셔서 매우 기쁩니다. 이제 저는 독자님의 초대를 기다리겠습니다. 우리 곧 만나요.

2024년 1월
박근모

참고 자료

『1만 권 독서법』 인나미 아쓰시 / 위즈덤하우스 / 2017

『4초』 피터 브레그먼 / 타임비즈 / 2016

『48분 기적의 독서법』 김병완 / 미다스북스 / 2013

『감정은 어떻게 만들어지는가?』 리사 펠드먼 배럿 / 생각연구소 / 2017

『강원국의 글쓰기』 강원국 / 메디치미디어 / 2018

『공부머리 독서법』 최승필 책구루 / 2018

『그릿』 앤절라 더크워스 / 비즈니스북스 / 2019

『나무를 심은 사람』 장 지오노 / 두레 / 2018

『내 아이는 괜찮을까』 김선호 / 봄스윗봄 / 2019

『다산 시문집』 정약용

『모든 것은 기본에서 시작한다』 손웅정 / 수오서재 / 2021

『몰입의 즐거움』 미하이 칙센트미하이 / 해냄출판사 / 2021

『떨림과 울림』 김상욱 / 동아시아 / 2018

『부모와 아이 중 한 사람은 어른이어야 한다』 임영주 / 앤페이지 / 2021

『새로운 무의식』 레오나르드 플로디노프 / 까치 / 2013

『생각에 관한 생각』 대니얼 카너먼 / 김영사 / 2018

『생각한다는 착각』 닉 채터 / 웨일북 / 2021

『세상에서 가장 쉬운 본질육아』 지나영 / 21세기북스 / 2021

『세인트존스의 고전 100권 독서법』 조한별 / 바다출판사 / 2016

『소유냐 존재냐』 에리히 프롬 / 까치 / 2020

『어린 왕자』 앙투안 드 생텍쥐페리

『예언자』 칼릴 지브란 / 무소의뿔 / 2018

『우리는 언젠가 만난다』 채사장 / 웨일북 / 2017

『유시민의 글쓰기 특강』유시민 / 생각의길 / 2015

『이어령의 마지막 수업』이어령 / 열림원 / 2021

『전념』피트 데이비스 / 상상스퀘어 / 2022

『정리하는 뇌』대니얼 래비틴 / 와이즈베리 / 2015

『지적 대화를 위한 넓고 얕은 지식 0』채사장 / 웨일북 / 2019

『초6의 독서는 달라야 합니다』전신영 / 서사원 / 2021

『초서 독서법』김병완 / 청림출판 / 2019

『퀀텀 독서법』김병완 / 청림출판 / 2022

『평생 공부의 기초 체력을 키우는 문해력 수업』전병규 / 알에이치코리아 / 2021

『폴리매스』와카스 아메드 / 안드로메디안 / 2020

『하버드 첫 강의 시간관리 수업』쉬셴장 / 리드리드출판 / 2018

『학교혁명』켄 로빈슨, 루 애로이카 / 21세기북스 / 2015

영화 '나비 효과' (2004)

영화 '아바타' (2009) '아바타: 물의 길' (2022)

영화 '어른 김장하' (2023)

영화 '어벤져스: 엔드게임'(2019)

영화 '이상한 나라의 수학자'(2022)

영화 '인사이드 아웃' (2015)

유튜브 '생활변화관측소– 건축가 유현준 교수님 편'

유튜브 김주환(joohan Kim)의 내면소통

<The effects of cognitive and noncognitive abilities on labor market outcomes and social behavior ; Journal of Labor Economics. Volume 24, Number 3> James J. Heckman, Jora Stixrud, and Sergio Urzrua,

부모의 독서가 시작되면
아이의 미래가 달라집니다

1 판 1 쇄 2024 년 3 월 8 일

지은이	박근모
펴낸곳	로북
펴낸이	김현경
디자인	로우파이
제작	세걸음
출판등록	2021 년 4 월 7 일 제 2021-000251 호
팩스	02 6434 5702
이메일	lobook0407@naver.com
블로그	blog.naver.com/lobook0407
SNS	instagram.com/lobook_publishing
ISBN	979-11-974411-4-1 03370

▪ 본문 사진 : https://unsplash.com/
▪ 파본된 책은 구입하신 곳에서 교환해 드립니다.